PRIVILÈGES

DE MONSÉGUR.

1118

PRIVILÉGES

DE MONSÉGUR

SUIVIS DE LA

Liste des Consuls et des Bourgeois de cette ville,
depuis 1533,

DE DOCUMENTS INÉDITS,

ET PRÉCÉDÉS

D'UNE NOTICE SUR L'ESCLAPOT;

PAR J.-B. ARCHU.

SAUVETERRE,

J. CHOLLET, IMPRIMEUR-LIBRAIRE.

1876

AVANT-PROPOS

LE lecteur nous pardonnera de faire précéder les Priviléges de Monségur de quelques extraits de délibérations de sa jurade, à titre d'échantillons seulement, pour montrer aux administrations municipales avec quels soins et quelle intelligence les anciennes savaient conserver tous les documents relatifs aux actes de la vie civile et politique de la Communauté.

Malheureusement pour l'histoire locale, les guerres en quelque sorte périodiques dont elles eurent à souffrir, rendirent souvent, sans les décourager, leur précaution inutile. Les Archives devenaient la proie d'impitoyables vainqueurs, de maîtres barbares, qui les brûlaient ou les emportaient. Ils avaient hâte d'ensevelir le passé dans un abîme de ténèbres.

Voilà pourquoi celles de Monségur, l'ESCLAPOT et le LIVRE BLANC exceptés, ne datent que de 1586, époque de la reprise de cette ville sur les Huguenots par le duc de Mayenne et le maréchal de Matignon.

Vingt-quatre ans avant, en 1562, elle avait eu à passer par les mains de Montluc, à subir un sac effroya-

ble, et à pleurer ses enfants. — Tristes effets des guerres civiles !

Malgré les ravages, les dévastations faites par les Normands, toutes les villes aquitaniques avaient su conserver une langue commune, des mœurs communes, une prospérité commune, des intérêts communs, en un mot leur antique civilisation, et se distinguer profondément de ceux qui s'appelaient français. La langue d'Oil et la langue d'Oc ne s'étaient pas encore donné le baiser de paix.

Avant le 12ᵉ siècle, il n'y avait point encore de France. La royauté franque des faibles héritiers de Charlemagne végétait chétivement resserrée entre la Normandie et la Champagne, au nord de la Loire. Au sud de ce fleuve, c'était dans toute sa splendeur, le duché d'Aquitaine qui va bientôt appartenir à l'héritier de Normandie.

La charte d'Aliénor aux habitants de Monségur ne saurait être autre chose qu'une confirmation de leur autonomie. Cette bourgade devait avoir une existence bien antérieure à 1265, si l'on s'en rapporte aux nombreuses médailles romaines trouvées dans son enceinte, aux fossiles récemment découverts non loin de ses murs, et dont quelques-uns ont été recueillis par M. Roy, l'intelligent secrétaire de la mairie de cette ville.

REMISE DE SERVICE (spécimen de la)

—

·EXTRAIT DES REGISTRES DE LA JURADE

—

« Le feptieme janvier mil cinq cens quatre vingtz feze ce font affemblé en la mayfon commune, Mᵉ Michel Dupin, mᵉ Jehan Ducaffe, Anthoyne Favareau, Franfoys Gallyfferes, premier, segond, tiers & quart confuls la prefente année, aciftés de Jehan Guilhem, Jehan Andrault, Jehan Jacques Jaylles, Franfoys Favareau, Gailhard Lefglise, Jehan Audubert, Nicolas Bacot, Louis Gaubert, Severin Maffiot, Jacques Brandin, Bertrand Roche, Pierre Duran, Franfoys Villevieilhe, Jehan Texier.

» A efté remonftré par led. Jehan Guilhem que danfienneté l'on a couftume faffembler en la mayfon de ceans pour eflire ung findicq & faire prefter le fermant à tous ceux de ceans & rend ez mains dud. Dupin ung livre contenant troys cens quatre vingtz feuilletz dans lequel il y a une quitance efcripte & fignée de la main de monfieur de Rubran datee du fixieme janvier mil cinq cens quatre vingtz & huiĉt par laquelle apert que led. fieur de Rubran a reffeu cinquante livres pouldre fuyvant le commandement de M. de Barraut, plus ung autre regiftre contenant fix vingt neuf feuilletz, enfemble le *Livre blanc* & les clefz de la porte de Lafon & une petite clef de la porte du Drot, plus ung barricot de pouldre pezant quatre vingtz dix livres, demandant du tout eftre defchargé & aĉte de la remize du tout.

» Jehàn Andrault eft d'advis que led. Dupin foyt premier conful & qu'il pregne le tout par devers foy & que acquiĉt en foyt donné aud. Guilhem empres que tous ont prefte le ferment a ce cas refquiz. »

Le 4 janvier 1602..
...Labatut findicq & premier conful en 1601, remet « à fon

» fucceffeur ung *livre, couvert de bois*, qui n'a pas figuré dans
» les précédents inventaires. »

Le 4 janvier 1603, le procès-verbal de l'élection des nouveaux
consuls porte ce qui suit :

« Rend ez mains de Jaylles deux livres de jurade l'ung conte-
» nant trois cens quatre vingtz ung feuilletz, l'autre contenant
» trois cens feptante huict feuilletz, plus ung livre couvert de
» bois, contenant *privileges en latin et gafcon en lettres de
» mollée entienne, contenant quatre vingtz troys feuilletz ef-
» criptz*, plus le *livre blancq* contenant cinquante feuilletz ef-
» criptz, plus le préfent livre de jurade contenant cent foixante
» ung feuilletz, plus la confirmation des privileges avec les lettres
» patentes du Roy pour la réunion de la ville de Marmande & la
» p^nte ville, en parchemin, plus une marque du vin, plus les
» clefz de la porte de Lafon, etc. »

Du 6e Janvier 1618.

. . . .

« Ledict Teffier a reprefenté que ledict Durand premier conful et findicq luy a demandé jurade ; il déclarera pour quelles
fins. Le dict Durand a dict qu'il a demande jurade pour rendre
aux d. confuls certains papiers qu'il a par devers luy, & de faict
a rendeu troys cayers de papier ou font contenus les délibérations
& arreftés de la mayfon de ceans defpuis le quatriefme du moys
de janvier jufques au vingt uniefme defcembre dernier 1617,
contenant troys mains de papier, le tout coudeu *(sic)* & mis en
regiftre. Enfemble le *livre blanc* avecq une commiffion de Charles de Montferrand, gouverneur de Bordeaux et lieutenant de
Guienne en abfence de monfeigneur de Monluc daté du dernier
de defcembre 1569, plus un acte faict a Bazatz touchant la police
de la p^nte ville aportee aux confuls datee du 20e Juing 1558 fi-
gnee Labat greffier & Chalup, les *privilleges de la ville*||& le
cadaftre des arpentements faitz pour le recollement des Tailles |
defquels papiers & autres copie fen fuit. Ledict Durand faifant
tant pour luy que pour les confuls, confuls lannee derniere,
demande eftre dechargé.

» Plus led. Teffier a dict & reprefenté que annuellement &
au commencement de l'année & premiere jurade qui fe tient il
eft de couftume de renouveller le ferment deftre fidelles &
loyaulx au Roy & à la ville & deffendre les privilleges de la
dicte ville contenus au *livre blanc*. . . . .

.... Dict aussi le dict Durand avoir encore par devers luy la confirmation des privilleges du Roy nostre sire a present regnant..... »   .

Du 28 Janvier 1728.

« Representent lesd. sieurs consuls qu'ils auroient trouvé dans les archives de la communauté un livre concernant les statuts de cette ville, écrit en differentes langues qu'ils ne peuvent lire.

» Le sr Monnereau prud'homme de cette communauté leur auroit indiqué le sieur Requateau, notaire de Gironde lequel ils auroient fait venir en cette ville afin de le traduire en langue françoise. Et pour toute recompense & sallaires il sen remet à la discreption de la communauté, aux conditions qu'on lui portera le livre chez lui, attendu que ses affaires ne lui permettent pas de rester dans cette ville un temps suffisant pour le traduire.

» Arreté d'une commune voix que lesd. srs consuls fairont ce qu'ils pourront pour obliger led. sr Requateau ou tout autre qu'ils trouveront capable de traduire en françois les entiens priviléges de cette ville & d'une maniere que tous les prudhommes & tous autres les puissent lire & comprendre pour les exécuter ; que la despense & payement quy fera faict à ce sujet, ensemble celle quy a esté déja faite par led. sr Requateau dans le voyage qu'il a fait a ce sujet au present lieu depuis peu de jours sera passée en compte sur le montant des recettes faictes & à faire des sommes appartenant à la communauté. »

———————

Il résulte des documents qui précèdent, extraits des registres de la Jurade de la ville de Monségur, que le *livre, couvert de bois contenant priviléges en latin et gascon en lettres de mollée entienne*, n'est mentionné dans les inventaires de fin de chaque année qu'à dater de 1602.

Il a dû être consulté par divers savants, notamment par le notaire Requateau, en 1728, et par M. Dumoulin, magistrat de sûreté, sous l'Empire, et procureur du Roi, à La Réole, de 1815 à 1826, date de son décès.

La note ci-dessous, écrite de la main de M. Dumoulin au bas de la première page de l'*Esclapot*, justifie ce dernier fait :

« *On trouvera chez M. Dumoulin, procureur du Roi, à La*
» *Réole, une notice sur les chartes renfermées dans ce livre qui*
» *concernent les avantages qu'avoit la ville de Monségur dans*
» *le 13e siècle.* »

Le livre se termine par l'observation suivante dont l'écriture est du 17e siècle, et que nous copions textuellement :

« *Le prefent liure contenant les priuileges de la ville de Mon-*
» *fegur et archives d'icelle communauté appelle Efclapot, parce*
» *qu'il eft plie entre deux petites tables de bois contenant quatre*
» *vigntz trois fueilletz efcritz en lettre gothique, defquels le fep-*
» *tante feptetiefme fe trouve rompeu par le milieu et les 40,*
» *41, 42 et 68e paroiffent avoir efte en partie ratures.* »

                          « Verifié en 1695. »

      « Vérifié juste. »
« CH. GRELLET-BALGUERIE. »
      « Xbre 1860. La Réole. »

Ce Cartulaire, imprimé dans les Archives historiques de la Gironde, tome V, année 1863, y est précédé d'une introduction où se lit ceci : « Une note écrite en 1695, par M. Dumoulin,
» procureur du Roi à Monségur, constate que dès cette époque,
» un feuillet avait été déchiré en diagonale, et quelques passages
» effacés et grattés. »

Il y a ici évidemment confusion, erreur de nom et de date.

Monségur n'a jamais eu un seul de ses procureurs du Roi qui ait porté le nom de Dumoulin; et il résulte de nos recherches que les consuls, jaloux de leurs priviléges, refusaient même aux procureurs du Roy, communication des archives de la *mayfon de céans.*

L'étymologie de l'*Esclapot* vient-elle des deux éclats de bois qui servent de couverture à ce livre? — Ce n'est pas probable.

Plusieurs feuilles de *papyrus* pliées ensemble forment ce que les Latins appelaient *scopus* (un cahier) dérivé du grec *scopos*. La langue gasconne faisant toujours précéder la sifflante *s* de la voyelle *e*, on en a formé d'abord *escopos*, et enfin *esclopos* ou *esclapot.*

Les cahiers qui forment l'*Esclapot* écrits en belle gothique, nous paraissent avoir dû servir primitivement à l'enseignement du chant, du comput ecclésiastique, de la *lecture*, de l'*écriture*, comme modèles, et de l'*histoire locale*. Ils sont de parchemin, au nombre de dix, composés chacun de huit feuilles ou seize pages. En 1857, époque où nous en prîmes copie, ils étaient précédés d'un fragment de musique ancienne, de *neumes*, et terminés par une autre feuille contenant une copie des tarifs de droits de place aux foires et marchés de la ville de Sainte-Foy sur Dordogne. Le fragment de musique en a été enlevé depuis par quelque amateur de curiosités antiques, car nous ne l'avons pas retrouvé en 1873. Il nous avait paru antérieur à l'introduction des portées musicales par le moine bénédictin Guy d'Arezzo (1050?), et consister en deux sortes de signes : les uns en forme de virgules, de points, de petits traits couchés ou horizontaux ; les autres, en forme de traits diversements tournés et liés, exprimant des groupes de sons composés d'intervalles divers. Ces deux pièces paraissaient ajoutées au livre après la reliure des cahiers.

Le premier de ces cahiers comprend : 1° le Calendrier ; 2° l'Evangile selon saint Jean : *In principio erat verbum et verbum erat apud Deum* ; 3° l'Evangile selon saint Matthieu : *Cum natus esset in Bethleem Judæ* ; 4° l'Evangile selon saint Marc : *In illo tempore recumbentibus undecim*.

Les autres renferment l'histoire de la communauté depuis 1265 jusqu'à 1486.

On ne s'étonnera pas de ce que nous pensons de l'*Esclapot*, quand on saura qu'il y a eu de tout temps, à Monségur, jusques en 1793, un *régent latin*, salarié, logé et meublé aux frais de la ville et chargé de l'instruction de la jeunesse de la juridiction.

C'est à l'un de ces régents ou à quelqu'un de leurs écoliers, qu'ont dû appartenir les dix cahiers écrits en lettres gothiques du 15ᵉ siècle, et couverts de bois, après leur reliure ; seule couverture en usage pour les livres dont on avait à se servir chaque jour.

Toujours est-il qu'il n'en est fait aucune mention dans les registres de la *mayſon de céans* jusques en 1602, tandis que, à

chaque remise de service par les consuls sortants aux consuls
entrants, on n'omet jamais de signaler le *Livre blanc*, où les
priviléges de la ville sont écrits en français, avec l'indication des
formules à employer pour la réception des consuls, des prud'hommes ; la collation des lettres de bourgeoisie, le serment des
bouchers, &ª, &ª ; priviléges confirmés pour la dernière fois, en
1613, *par Louis XIIIᵉ, alors régnant, et enregistrés, suivant
l'arrêt de la Cour donné à Bourdeaulx en parlement, le 22 aoust
1613.*

On sait que les psautiers, les missels, les livres d'heures du
moyen-âge étaient souvent précédés d'un calendrier. L'un des
plus anciens de ce genre se trouve dans un psautier du treizième
siècle, conservé à la bibliothèque de l'Arsenal.

Celui qui est en tête de l'*Esclapot* porte au haut de chaque
mois des vers latins inintelligibles, dans lesquels sont compris les
noms de certaines constellations. Ces vers ne nous paraissent
être que des formules astrologiques que nous ne saurions expli-
quer, mais que nous insérons ici à cause de leur bizarrerie : ils
sont suivis de l'indication du nombre des jours du mois, et de la
lune ; de la longueur des nuits et des jours mensuels ; les voici :

JANVIER.

Jani prima dies et vIIª (*) *fine timetur.*
Januarius habet dies xxxI. *Luna* xxx.
Nox habet horas xvI. *Dies vero* vIII.

FÉVRIER.

Ast februi quarta precedit tertia finem.
Februarius habet dies xxvIII. *Luna* xxIx.
Nox habet horas xIIII. *Dies vero* x.

MARS.

Martis prima necat cujus sub cuspide IIIIª (**) *est.*
Marcius habet dies xxxI. *Luna* xxx.
Nox habet horas xII. *Dies vero* xII.

(*) Septima.
(**) Quarta.

AVRIL.

Aprilis decima est, undena fine minatur.
Aprilis habet dies xxx. *Luna* xxix.
Nox habet horas x. *Dies* xiiii.

MAI.

Tercius in maio lupus est, vii⁹ (*) *anguis.*
Maius habet dies xxxi. *Luna* xxx.
Nox habet horas x. *Dies* xiiii.

JUIN.

Junius xi° (**) *quindenum a fine salutat.*
Junius habet dies xxx. *Luna* xxix.
Nox habet horas vi. *Dies* xviii.

JUILLET.

Tredecimus mutat Julius decimusque salutat.
Julius habet dies xxxi. *Luna* xxx.
Nox habet horas viii. *Dies* xvi.

AOUT.

Augusti nepa iᵃ (***) *fugat de fine lesa.*
Augustus habet dies xxxi. *Luna* xxx.
Nox habet horas x. *Dies* xiiii.

SEPTEMBRE.

Tercia septembris vulpis fert a pede denam.
September habet dies xxx. *Luna* xxx.
Nox habet horas xii. *Dies vero* xii.

OCTOBRE.

Tercius octobris velpes fert a pede denam.
October habet dies xxxi. *Luna* xxx.
Nox habet horas xiiii. *Dies* x.

(*) Septimus.
(**) Undecimo.
(***) Prima.

NOVEMBRE.

Quinta novembris acus vix tercia mansit in urna.
November habet dies xxx. **Luna** xxix.
Nox habet horas xvi. *Dies* viii.

DÉCEMBRE.

Stat duodena cohors septem decemque decembris.
December habet dies xxxi. **Luna** xxx.
Nox habet horas xviii. *Dies* vi.

Ces formules mystérieuses servaient-elles de règle générale pour prédire le temps? Nous n'osons l'affirmer.

Dans l'almanach de l'*Esclapot*, on s'est servi du nombre d'or en lettres rouges, pour marquer les jours de chaque mois auxquels arrivaient les nouvelles lunes. Les lettres dominicales sont écrites en encre noire, les nones, les ides, &ª, à l'encre rouge : puis viennent les noms de quelques saints et les principales fêtes de l'année.

Quel pouvait être le motif de ces préliminaires à la transcription des *franchifes, droits, coutumes & libertés*, si le livre qui nous occupe n'était pas une sorte de manuel à l'usage des écoliers de la ville de Monségur?

Cette ville a fourni, en divers temps, des sujets distingués. Pour n'en citer que deux, nous dirons que le 20 septembre 1627, Louis XIII accorda des lettres de provision, à Jean Brandin, son chirurgien ordinaire; que, le 28 décembre 1637, Gaston, duc d'Orléans, frère unique du roy, retint ce même Jean Brandin en la *charge de l'un de fes barbiers ordinaires pour en jouir & uzer aux honneurs, priviléges, &ª, accoutumés*; et que, le 7 décembre 1650, Louis XIV le gratifia d'une sauvegarde et exemption dans les termes suivants :

« Sa Majefté voulant en faveur d'aucuns fes fpéciaux fervi-
» teurs gratifier & favorablement traicter Jean Brandin l'aifné,
» l'un de fes chirurgiens ordinaires, Sa dicte Majefté de l'advis
» de la Reyne régente, fa mère, deffend très expreffement à tous
» chefz, colonelz, cappitaines, & tous autres officiers de gens
» de guerre tant de cheval que de pied de quelque langue &
» nation qu'ils foyent de loger ny fouffrir eftre logés aucun deux

» dans les maifons fcizes dans la ville & jurifdiction de Mon-
» fégur en Bazadois & dans la terre de Saint-Ferme & autres
» appartenantes au dict Brandin. Et aux confulz des lieux de
» délivrer aucun billet ny bulletin pour cet effet ny en ycelles
» maifons prendre ou enlever aucuns bledz, vins, foins, avoi-
» nes, pailles, volatilles, beftail ny autres chofes generalement
» quelconques fans le gré & le confentement dud. Brandin ou
» de ceux quy auront pouvoir auxd. lieux en fon abfence, l'ayant
» Sa Majefté avec fa famille & biens pris & mis en fa protection
» & fauvegarde fpéciale. »

Louis XV par *lettres patentes du mois d'aouft* 1733, données
à Versailles, annoblissait en ces termes Joseph Dupin, enfant
de Monségur, avocat au Parlement de Bordeaux et jurat de la
ville :

« Louis, par la grace de Dieu.........................&ª. »
» Nous avons toujours à l'exemple des Roys nos predeceffeurs
» regardé le privilége de nobleffe comme le plus précieux té-
» moignage & la plus glorieufe récompenfe que peuvent mériter
» ceux qui fe diftinguent par les fervices quils rendent a noftre
» Etat. C'eft dans cet efprit que nous avons honoré en differens
» temps les maires & juratz de la ville de Bordeaux du titre &
» des prérogatives de nobleffe & que Nous Voulons accorder
» aujourdhui les mèmes avantages à notre cher & bien amé le
» fr Jofeph Dupin, avocat en Parlement & un des juratz de la
» ville, qui a fuccédé à fes pères dans la profeffion d'avocat &
» qui ne fy eft pas moins fait de reputation par fes talents & fa
» probité qu'il s'eft acquis d'eftime dans la place de jurat par la
» fermeté, le zèle & la vigilance avec lefquels il a foutenu les
» droitz & les interetz de la ville de Bordeaux, dans les affaires
» importantes dont il a eu la conduite & l'adminiftration, & dans
» lefquelles il n'a rien laiffé à défirer de la fageffe & de l'habileté
» neceffaires à la place de jurat d'une des plus grandes & des
» plus floriffantes villes de noftre Royaume, & dont les citoyens
» ne ceffent de nous donner d'eclatantes marques de leur atta-
» chement & de leur fidélité. En forte que led. fr Jofeph Dupin
» a pleinement mérité le témoignage que nous fommes refolu
» de luy donner de noftre fatiffaction par un privilége qu'il puiffe
» tranfmettre à fa poftérité & qui conferve dans fes defcendants
» le fouvenir de fes vertus & de fes bonnes qualités. A ces cau-
» fes &ª...
» ....Annobliffons led. fr Jofeph Dupin.......................... »

En 1808, le Maire de Monségur désireux de voir continuer les errements du passé, interrompus en 1793, disait au Conseil municipal : « C'est aux soins qu'avait la communauté, de facili-
» ter aux pères et mères le moyen de faire faire de bonnes étu-
» des à leurs enfants, qu'à l'époque de la Révolution et lors de
» la création des administrations publiques et des nouveaux tri-
» bunaux, la commune de Monségur eut l'avantage de fournir
» un grand nombre d'administrateurs et de juges qui se sont
» fait remarquer par le mérite le plus distingué.....................
» ....Aujourd'hui, on a la
» douleur de voir cette jeunesse croupir dans l'ignorance, ne
» pouvant pour ainsi dire être d'aucune utilité à l'Etat ni à la
» Société. La génération présente courrait le même danger, si
» l'instruction n'était pas répandue autant que possible et mise
» à la portée des pères de famille honnêtes, mais peu fortunés. »

Et le Conseil municipal, à l'unanimité, rétablissait le professeur de langue latine, aux mêmes conditions que celui qui existait en 1791, c'est-à-dire au traitement fixe de 800 francs, avec logement fourni par la ville et rétribution mensuelle de six fr. pour les enfants de Monségur, *intrà* et *extra muros*. Il continuait ainsi la vieille tradition, dont l'*Esclapot* n'est à nos yeux qu'une épave sauvée du naufrage des archives scolaires du moyen-âge.

EXTRAICT DES PRIVILLIEGES,

FRANCHISES, DROICTZ, COUSTUMES & LIBERTEZ

de la Ville & Prévoſté Royalle

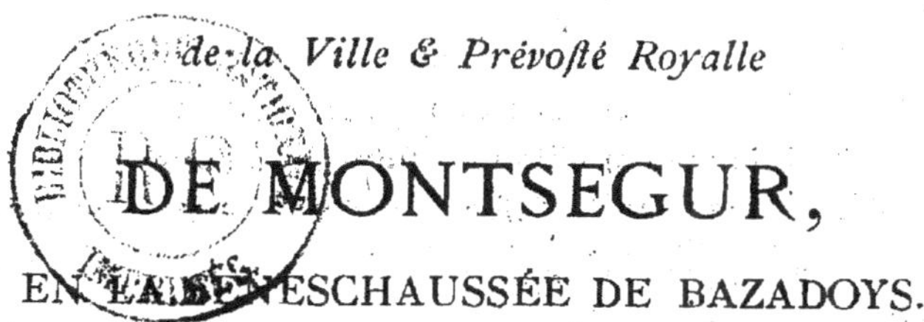

DE MONTSEGUR,

EN LA SENESCHAUSSÉE DE BAZADOYS.

PREMIÈREMENT. A eſté concédé aux bourgeois & habitans de la diƈte ville de Montſégur baſtir & eſdiffier maiſons & places dicelle, contenant chaſcune des diƈtes places vingt quatre pieds en largeur, & ſoixante douze piedz en longueur, en payant pour chaſcune place chaſcun an, au Roy, le landemain Sainƈt Martin diver, douze deniers bourdelloys de rente, avecques le debvoir de douze deniers bourd. deſporſe pour chaſcune place a muance du Roy.

PLUS. Chaſcune grand rue de lad. ville doibt contenir vingt quatre piedz de largeur partout.

DAVANTAGE. Tous & chaſcun les habitans de lad. ville & juriſdiƈtion ſont contribuables aux réparations des murailhes de lad. ville, fontaines, puys, chemins &

pondz de lad. ville & jurifdiction , & font tenus de faire guet, quant besoing sera.

Item, les fdicts habitans font francz & immunes de tous debvoirs de fel, fournage & de tous péages de ce quilz vendent & achaptent én lad. ville & jurifdiction.

Item. Chafcun an , le landemain de la fefte de Pafques , font efleus quatre confuls par les confuls de l'année précédente, appelez auecques eulx les confulz des deulx aultres années précédentes, aultres prud'hommes du confeil de ladicte ville non fufpectz, lefquels confuls eflus font tenus prefter le ferment deftre fidelles au Roy & bien & loyalement régir & gouverner la République de lad. ville & jurifdiction , par devant le juge dud. lieu ou fon lieutenant.

Ensemble. Tous ceulx & celles qui tiennent & poffedent maifons & aultres biens en lad. ville & jurifdiction, font contribuables à toutes tailhes, tant à celles du Roy que aultres qui font impofées & cothizées par les confuls de lad. ville de Montfégur.

Plus. Le juge & prevoft de lad. ville & jurifdiction, avant que exercer leurs offices, font tenus jurer auxd. confuls de lad. ville deftre fidelles au Roy, & de maintenir lefd. confuls & habitans en leurs couftumes, franchifes & libertés.

Item. Si aulcun eft trouvé de jour au dedans les prez, vignes, jardrins, & terres enfemencées, couppant herbes ou prenant fruictz, vin, peffeaux, latte, earraffone verdz ou fecs ou aultres boys ezd. biens, fans congé de celluy à qui ils appartiennent, fera condampné en l'amande applicable la tierce partye au Roy & le refte a lad. ville & partie intereffee. Et, fi aulcun y eft

trouvé de nuict eft condempné en l'amande de *foixante
fix fols* tournoys aplicables comme deffus.

ITEM. Si aulcun eft trouvé gardant de jour aulcun
beftailh ez prez & aultres apartenances daultruy, il eft
condempné en lamande de *fix fols* tournoys applica-
bles comme deffuz.

ET, fi aulcun eft trouvé de nuict gardant aulcun beftailh ez prez & aultres appartenances d'aultrui, eft condempné en lamande de foixante fix folz tournoys, appli-
cables quarante folz au Roy, & vingt folz à la ville, &
fix folz a la partie intereffée, & à réparer le dommage
caufé.

CEULX qui larront (*) aller chevres ne boucz pourtant
domaige aulx biens d'aultruy, paieront fix folz damande
pour chafques chef, la tierce partye au Roy & les deux
tiers à la ville, & aultres fix folz a la partie a laquelle le
domaige fera faict.

SEMBLABLEMENT ceulx quy laifferont aller aux biens
d'aultruy chevaulx & cavavalhes portant domaige,
payeront pour chafque chef fix deniers; pour afnes &
afneffes, quatre defniers; pourceau ou truye, quatre
defniers; oueilhe ou mouton deux deniers payables à
celluy à qui le domaige aura efte faict. Et celluy qui les
gardera de jour, paiera, oultre ce que deffus, fix folz
damande & la réparation du domaige.

Tous les habitans de lad. ville & jurifdiction qui feront de l'âge de quinze ans & au deffus jureront toutes
les annees, par devant les confulz qui feront nouvellement receus, après la fefte de Pafques, le contenu aux

Délation
s Délits.

(*) laifferont.

previlieges; & que, filz trouvent ou voyent aulcune
perfonne en jardrin, vignes ou en aultres lieulx, prenant des fruictz ou mal faizant, quilz le revelleront aux
confuls & layant ainfi revelle, lefd. confulz doivent faire
paier lamande à celluy qui aura faict le domaige, fil
peult' paier; & fil ne le peult paier, lefd. confuls luy
feront courir la ville ou le feront mettre au poteau ou
a lefchelle, lequel gage lefd. confulz ne pourront quiter
ne partir,dicelluy.

E chafcun defd. habitans qui auront enffans ou cervfz
demourant en leurs maifons, paieront les domaiges &
afmandes pour lefd. enffans ou cervfz, fi lefd. enffans
ou cervfz font aulcun des domaiges exprimés.

Chascun defd. habitans demoure en fa liberté de
donner permiffion de prendre des fruictz en fon bien.
Touteffois, fi aulcun fe trouve prenant defd. fruicts,
ou faict autre domaige, paiera lamande fus dite. Tou-
teffoys, fi celluy a qui font lefd. biens jure luy avoir
bailhé congé, avant le domaige faict, fera quite de lad.
amande.

Si aulcun perfonnage prend aulcune fouche ne bufche
en champ & bien d'aultruy, fans le congé et licence
de celluy à qui le boys apartient, lui paiera fix folz
d'amande; &, fi les gardes trouvent fur les lieulx les
mal faicteurs, leur eft permis de les prendre.

Item. Tous les fufd. habitans de lad. ville & jurifdiction font tenus fournir manuvres à toutes reparations
publiques à faire en lad. ville & jurifdiction. Et ceulx
qui ont beufz, chevaulx, jumens ou afnes, font tenus
les y mener, quand leur eft mandé par lefd. confulz;
&, en deffault de y obeyr, font condempnés en lafmande.

Réparations.

Enfemble ceulx qui nont de beftailh & ne veulent fournir manœuvre en aultre afmande.

Plus. Tous bouchiers qui veullent vendre chair aux
boucheries de lad. ville font tenus, chafcun an, dans
huiɛt jours apres ·Pafques, fans aulcune fommation,
venir prefter ferment, en ce cas requis, par devant lefd.
confulz, & jurer de tenir lefd. boucheries pourvues de
chairs, comme leur fera ordonné par lefd. confulz. Et
fi dedans lefd. huiɛt jours ne preftent led. ferment, lefd.
confulz leur peuvent prohiber de ufer de faiɛt de boucherie. Et, fi, après lad. prohibation, ils font trouvés
vendant chair, elle eft confifquée, moytié au Roy, &
moytié aux fufd. confuls, & le bouchier condempné en
lafmande moytié au Roy & moytié a la ville.

Est deffendu a toutes perfonnes vendre chair de beufz
de vache ne de porceau ne daultres beftes qui ne puiffent aller & venir de fes piedz dans lad. ville, à peyne
de lamande, moytié au Roy, & lautre a la ville, &
perdition de la chair; bien leur fera monftré certain
lieu hors de la ville, pour vendre lefd. chairs aux taux
qui fera ordonné par les confulz.

Les chairs des chevres & boucz, oeilhes & truyes,
feines, marchandes, fe vendront au lieu appellé la craberie au taux ordonné par les confuls.

Si aulcune perfonne defd. habitans voit vendre aux
grands bancz de la boucherie chair qui ne foit bonne &
marchande, fuivant le ferment prefté par lefd. bouchiers,
& ne le dénonce aux confuls pour en faire juftice, &
que lefd. confulz puiffent vériffier par deux tefmoings
dignes de foy comment ceulx qui taizeront de les dénon-
cer leur ont veu vendre lefd. chairs, paieront, ung

chafcun des non denonfans, foixante fix folz dafmande, moytié au Roy, & moytié à la ville.

Est deffendu efcourcher, fendre ny crever pourceaulx, ne aultres beftes, fur les rues de lad. ville, à peyne de fix folz damande, moytié au Roy & moytié à la ville.

Aussy eft deffendu mettre fecher cuyrs, de quelque condition que ce foient, fur la place & rues publiques, ny aulx feneftres des mayfons eftant en icelles places & rues, à peyne de fix folz damande.

Si les bouchiers ou bouchieres & aultres perfonnes vendent aulx grands bancz & bouticques de lad. boucherie, trippes de quelque qualité que foient, tefte, pieds de bœuf ne de vache, paiera fix folz damande moytié au Roy & moytié à la ville.

Celluy ou celle qui prendra foing, pailhe, glutz, aux biens d'aultruy, fans congé ou licence de celluy à qui les biens appartiennent, paiera douze folz damande; la tierce partye au Roy, lautre tierce partye a la ville, & laultre tiers à celluy à quy trouvera prenant led. foing, pailhe, ou glutz. Et celluy à qui les biens appartiennent fera creu, enfemble fes domeftiques qui auront trouvé prenant foing & pailhe.

Pareillement il eft interdict & deffendu à toute maniere de gens mettre & conduyre en lad. ville & jurifdiction de Montfegur, aulcun vin provenant dautres jurifdictions que de lad. jurifdiction de Montfegur, & ce à peyne de perdition dud. vin & fuft d'icelluy. Et, fi aulcun permet led. vin eftre mys en fa mayfon, il eft condempne en lamande de foixante fix folz, moytié au Roy, moytié à la ville.

Toutesfoys, les bourgeois de lad. ville, habitans dicelle, peuvent mettre & conduire en lad. ville & jurifdiction leur vin provenant de leur creu, des biens & poffeffions quils tiennent & poffedent hors lad. jurifdiction, en faifant ferment, par devant lefd. confulz, que led. vin eft de leur creu; autrement non.

Plus. Il n'eft permis ni loyfible à aulcun perfonage expofer en vente ne vendre en taverne aulcun vin, fil neft bourgeois habitant de lad. ville.

Aussi tous taverniers & bourgeois font tenus prefter le ferment par devant lefd. confuls de bien exercer & juftement led. meftiers.

Item. Eft deffendu à tous habitans de lad. ville de ne mettre & laiffer aulcuns femiers ez rues de lad., a peyne de fix fols tournois damande, & perdition de femier, moytie au Roy & lautre moytie a lad. ville.

Item. Ceulx qui font tenus bourgeois enlad. ville, font tenus prefter le ferment de fidélité au Roy & a lad. ville, & bailher ung harnoys a lad. ville, pour la tuition dicelle, fellon la puiffance & faculte de celluy qui eft receu. Et des lors de lad. reception, les biens de celluy qui eft receu bourgeoys font ypoteques a lad. ville pour la fomme de dix livres tournoys, au cas que led. bourgeois receu veulle aller demeurer hors lad. ville.

———

Les confulz pourront contraindre chafcun an, les bolengers & bouchiers prefter ferment tenir lad. ville fournye de pain & bonnes chairs au poix du Roy & taux que par lefd. confulz en fera faict, les punyr, fils deffaillhent ou contreviennent aud. ferment, par emprifonnement de leurs perfonnes, amendes ou autrement, fellon l'exigence du cas.

Vizirteront ou feront viziter le poiffon qui fera expoze en vente au marché & y mulĉtront taux, filz en trouvent qui ne foit de la mailhe requife par les ordonnances Royaulx ; le diftribueront aulx pouvres & ce neanlmoingz mulĉtront les pefchoners ainfi quilz verront & cognoiftront affaire. Et pour le regard des engins *retz* & *filletz* aptes a prendre poiffon feront reglez par les juge & confulz conjoinĉtement, fuyvant les ordonnances Royaulx.

Auront, en oultre, lefd. confulz cognoiffance contre les intraĉteurs de leurs privilieges en ce qui concerne l'entrée des vins eftrangiers & prohibez & ilz pourront condempner en amandes, confifquer led. vin ycelluy delivrer aulx pouvres de la commune, & faire brufler le bois a la fafon accouftumee.

Semblable cognoiffance auront lefd. confulz pour rayfon de frauldes & abus qui fe commeĉtent en vins vendus en detailh en lad. ville & jurifdiĉtion.

La fuperintendance des mefures & poix apartiendra aulxd. confulz. Enfemble la punition des coulpables qui les auront falfiffiees & abuse.

La garde des clefs des portes de lad. ville, du clochier, orreloge, apartiendra aulxd. confulz ; & en temps de pefte ou aultres dangiers leur fera loifible compeller les habitans garder les entrees, portes ou contribuer a ceulx qui pour ce faire feront commis.

De pareilhe contrainĉte uferont lefd. confulz contre les habitans, & chafcun en fon endroict, dentretenir les pavés, purger & tenir nete ladiĉte ville de tous beftailh

Poiffon.

Pêcheurs.

Vins étrangers.

Poids et mesures.

Clefs de la ville et du clocher.

Nettoyage de la ville.

immunde & bourriers, avec puiffance de mulêter les Reffuzans ou dillayans y obeyr.

DE la charge & jurifdiêtion defd. confuls eft inhiber aulxd. habitans jouer à jeux deffendus & prohibez frequenter taverne & cabarets, expeller & meftre hors de lad. ville larrons, fameulx putains, macqueraulx & macquerelles publiques & les condempner de leurs meffaiêtz.

Aussy de mulêter ceulx qui fe trouveront faifis de Raifins, agras, peyffeaulx, herbes, pommes, poyres & aultres fruiêts derrobes dans le jour ou larrones feulement.

Pareillement de ficfer jour & temps des vendanges, prohiber & deffendre ne les advancer & mulêter les desobeyffans.

Et, pour leffet de la juftice politicque, lefd. confuls pourront avoir prifon, trappes, poteau & colier.

Toutes reparations de murailhe, portes, fontaines, ponts, chemyns publiques & paffages fe feront par mandement & auêtorité defd. confulz, avec puiffance de contraindre les habitans de la ville & jurifdiêtion y contribuer & mulêter les deffailhans & defobeyffans.

Toutesfoys la jurifdiêtion politicque des diêtz confulz ne feftendra a pugnition corporelle &, ou les cas qui en deppendront meriter de telles pugnitions, lefd. confulz feront tenus renvoyer les delinquans avec le proces par devant led. juge

Bien pourront lefd. confulz emprifonner, detenir en trappes & condempner au colier lefd. delinquans, fi congnoiffent l'avoir mérité.

La cothifation & levée des tailhes, aultres fubfides

Royaulx impofes fur lad. ville & jurifdiction appartient
aux confuls. Auffi doyvent entendre les plainctes de
ceulx qui pretendront eftre surtaxez & leur en *faire
droict* le tout fouverainement & fans figure de procès.

SERA loyfible & permis aulxd. confulz faire proclamer
a fon de trompe leurs ordonnances & mandement concernant lad. police.

LE dict juge ordinaire appellera aux procez criminels,
ou fera procede extraordinairement, lung defd. confulz
ou, en leur deffault & abfence, lung des jurats ayant
fait ferment a lad. ville fans touteffois quils ayent
voix de defcreter ou bien pourra led. juge feul defcreter
les informations fans appeller lefd. confulz ou juratz.

SI led. juge reffufe prendre le ferment accouftume
des nouveaulx confulz ou aulcun deulx fera loyfible au
lieutenant dud. juge, procureur du Roy ou plus antien
praticien ou a lung des confulz de l'annee precedente
ou jurat le plus antien recepvoir led. ferment fans
attendre aultre provifion du fuperieur.

CELLUY qui fera nouvellement pourveu de l'office de
juge en lad. ville & jurifdiction fera tenu prefter ferment
aulxd. confulz de bien & loyaulmement adminiftrer
juftice, les garder & entretenir en leurs privilieges,
franchifes & libertes.

NE pourra led. juge s'entremeftre ne prendre cognoiffance en premiere inftance du faict de la procedure
confernant les articles comme deffus & aultres femblables : mais les appellations qui feront interjectes defd.
confulz refformtiront par devant led. juge, tout ainfi quil
a efte dict & accorde par ladicte tranfaction. (Tranfaction intervenue en Cour de Parlement entre Dupuy,

juge, Pierre Dutrieu, premier conful, & m^e Franfois de
La Roche, jurat de Monfégur, le 23e jour de jung 1555,
à la fuite d'un conflict d'attributions.)

*Articles fur lefquels les quarante du cors & coliege
de la prefente ville preflent annuellement le ferment
en la maifon de la ville par devant meffieurs les confulz a la premiere jurade qui fe tient ampres la fefle
de Pafques auxquels prealablement eft faict lecture
des articles des privilieges & articles de la jurifdiction politique.*

Devoirs prud'hommes. PREMIEREMENT. Seront bons & loyaulx au Roy noftre
fire & a la ville & donnerent confeilh faveur & ayde à
meffieurs les confulz touteffois & quantes que de ce faire
feront fommez par eulx ou par aultres, ayant charge
d'eulx & ce a peyne deftre dictz & defclares rebelles &
defobeyffans au Roy & a la ville, damande arbitraire &
de privation de droict de bourgeoifie.

DEFENDRONT & maintiendront les privilieges, franchi-
fes, couftumes & libertés de la p^{nte} ville enfemble l'autorité & jurifdiction politicque defd. confulz, cors & coliege
dicelle. Et, filz voyent ou entendent directement ou in-
directement que aulcun face chose contraire a iceulx,
refifteront contre les contrevenants a leur pouvoir & en
advertiront lefd. confulz & ce a peyne damande arbitraire & de privation de cors & coliege & droict de
bourgeoifie.

TOUTESFOYS & quantes quilz feront mandez par le fergent de lad. ville ou par aultre a ce commis pour fe
trouver a la maifon de la ville pour tenir jurade fe ren-

dront en icelle pendant que la cloche fonnera, a peyne xviii deniers pour chafque deffault pour lequel feront executés par led. fergent auquel chafcun des deffailhans garniront la main de gages juiques a la concurrence des dix huiƌ deniers pour led. deffault fans prejudice de leurs exceptions & ce a peyne damande arbitraire.

Absences.

Et fi aulcun taifoit venir a lad. jurade par malice mefprix ou aultrement feroit mis en telle afmande quil fera arbitrée par lad. jurade nonobftant led. deffault.

Délibérations.

Aux affaires qui feront expofées & mifes en deliberation par lefd. confulz opineront lefd. quarante fur iceulx fellon Dieu & confcience au profiƌ & utillité de la ville & fans faveur, hayne, malveillance ou mauvaife affection contre les particuliers.

Interruptions.

Ne interrompront les oppinans les ungs les aultres a peyne dafmande arbitraire. Tiendront fecrets les affaires qui feront mifes en deliberations & arretz qui s'enfuyvront fur iceulx a peyne deftre efcriptz & notés à ung tableau & dafmande arbitraire & privation a jamais dud. cors & coliege & droiƌ de bourgeoifie.

Si aulcun defd. quarante entend mefdire en general contre led. cors & coliege ou en particulier contre aulcun d'iceluy à caufe des affaires de la police circonftances ou deppendances diceulx en advertiront lefd. confulz ou les rapporteront en jurade pour en eftre faiƌ telle juftice quil appartiendra par raifon.

———

Articles fur lefquels le clerc de la ville prefte annuelle-
ment le ferment a la première jurade après Pafques
par devant meffieurs les confuls.

Clerc de la ville.

SERA bon & loyal au Roy & à la ville & tiendra fecret
les affaires qui feront mis en deliberation par meffieurs
les confuls.

ESCRIPRA fidellement tous actes & procedures quil
recepvra foubz lefd. confuls.

NE delivrera aulcuns actes ne procedure fans au
prealable les communiquer auxdicts confuls.

SE rendra ez lieulx ou il fera mande par le fergent de
lad. ville ou par aultre ayant charge defd. confuls dans
la prefente ville ou jurifdiction pour efcripre les actes
& procedures que lefd. confuls vouldront faire concernant la police.

MAINTIENDRA les privilieges, couftumes, libertes de la
ville & jurifdiction politicque & fil voit ou entend faire
chofe contraire à iceulx le revellera auxd. confuls.

Articles fur lefquels le fergent prefte annuellement le
ferment a la premiere jurade apres Pafques par
devant meffieurs les confuls.

Sergent
de la ville.

SERA bon & loyal au Roy & a la ville mectra à exe-
cution pour les mandements qui luy feront donnes par
meffieurs les confuls fans aulcune faveur ne fufport.

SIL voit ou entend que aulcun perfonnage face chofe
contraire aux privilieges de lad. ville & jurifdiction
dicelle, les revellera incontinent auxld. confuls pour
par eulx eftre faict telle juftice quils verront eftre afaire.

Se prefentera tous les matins & tous les jours au premier conful ou, en fon abfance, au fegond, & en l'abfance du fegond au tiers ou du tiers au quart, pour fcavoir filz ont affaire de luy, a peyne de prifon.

Ne partira de la préfente ville fans conge defd. confuls a peyne deftre mys en prifon.

Reception du Marraglier (Marguillier).

Sonneur.

Donnera pleges pour paier ce qui fe pourroit perdre & deperir dans lefglife par fon deffault.

Ne prendra daulcun perfonnage falaire que ce que luy fera ordonne par meffieurs les confuls, a peyne de prifon & damande arbitraire.

Ne fonnera de nuict la cloche en forme du chant plain que jufques à l'heure de dix heures.

Ne fonnera toque feing, finon par feu, fans permiffion defd. confuls, a peyne de prifon & de telle peyne qu'il aura meritee par endroict.

Sonnera pour le fervice divin comme a efte acouftume de tout temps.

BOUCHERS. — *Leur ferment.*

Premierement. Exerceront loyaulmement leur meftier, tiendront les boucheries pourvues de bonnes chairs & marchandes a peyne de dix livres damande contre ung chafcun deffailhans & de prifon.

Leur fera permis de vendre pour le temps de troys

moys commanſans au jour & feſte de Paſques & vendront les chairs

    La livre de mouton......à

    La livre de beuf..........à

    La livre de pourceau ...à

Et pour le regard des veaulx & vedelles dung an en
bas, leur ſera permis den vendre a loeilh eſtant préalablement vizites par leſd. conſuls, filz nayment les vendre
au taux qui ſera par leſd. conſuls fixe, lorſque par eulx
ils en feront requis.

Desd. chairs, meſmement des beſtes *bryves* (*), leur
ſera enjoinct tenir en detailh ung cartier de devant &
ung cartier de derriere, pour en donner au taux a
chaſcun qui en vouldra pour ſon argent.

Ne feront vendre, ne poiſer aulcune deſd. chairs a
perſonne quil ne ſoit par leſd. conſuls a ce receu.

Leur ſera inhibe & deffendu acruſtrer (**), vendre ne
tenir a la boucherie ou leſd. chairs ont acouſtume eſtre
vendeues, aulcunes chairs de bougz, chevres, pourceaulx ladres, truyes, oeilhes ne aigneres, a peyne de
confiſcation dicelles, amande arbitraire & de priſon.

Leur ſera permis vendre a la boucherie appellee la
Craberie leſd. chairs de boucz, chevres, truyes, pourceaulx ladres, oeilhes & agnères

        à...................la livre.

Leur ſera prohibé & deffendu vendre au poix les
teſtes deſd. beſtes, a peyne de cent ſolz damande & de
priſon.

(*) Privées.
(**) Accrocher.

Leur fera enjoint donner tant au pouvre que au riche defd. chairs, fellon quil en vouldra pour fon argent aud. taux.

Leur fera inhibe & deffendu acrufter aulcune befte pour icelle vendre auxd. boucheries qui ne foit venue de fon pie auxd. boucheries, que prealablement ne foient vifitees par lefd. confuls, a peyne de dix livres damande, confifcation de la chair & de prifon.

Leur fera inhibe de thuer ni expofer en vente aulcune befte eftant mallade, a peyne de cent livres dafmande & aultres peynes de droict.

Leur fera inhibe exceder lefd. taux & ordonnances a peyne de dix livres dafmande contre ung chafcun deffailhans & de prifon.

Leur fera enjoinct porter en la maifon commune de la ville par devant lefd. confuls, tous & chafcuns, les poix & balances defquels ils fe vouldront ayder à vendre chairs, pour iceulx eftre vifites & vérifies & marques par lefd. confuls.

Leur fera inhibe vendre lefd. chairs a daultres balances & poix que ceulx quilz auront portés par devant lefd. confuls & qui par eulx auront efte adjouftes & marques a peyne de dix livres dafmande & de prifon.

Au bout defd. troys moys leur fera ordonne aultre taux, fellon la fertillite ou infertilite des chairs.

Forme de ferment de ceulx qui veullent eftre receus bourgeois.

Premierement. Feront aparoir par devant meffieurs les confuls par ateftans, comme ils font gens de bien, de bonne vie & honefte confideration.

SEGONDEMENT. Feront aparoir par contractz comme ils font cantonnes à la prefente jurifdiction, lefquels biens ou partie diceulx lefd. bourgeois obligeront par led. acte pour paier la fomme de dix livres contenue aux privilieges, fy advenoit quilz veulent empres vendre leurs biens pour aller demeurer en aultre jurifdiction.

PAIERONT, avant eftre receu, une halebarde ou aultre harnoys neceffaire pour la deffenfe & tuifion de lad. ville. Et ce faict, leur feront leus par le clerc de la ville trente articles des privilieges & vingt aultres concernant la jurifdiction polictique contenue au prefent livre.

AMPRES laquelle lecture lefd. bourgeois jureront deftre bons & fidelles au Roy & a la ville, maintiendront les privilieges, couftumes & jurifdiction politique de lad. ville & contenus auxd. articles a eulx leus & donnes a entendre.

ET fils voyent ou entendent directement ou indirecte-ment que quelcun face chofe contraire a iceulx y refif-teront a leur pouvoir & en advertiront incontinent lefd. confuls pour en faire telle juftice quilz verront eftre a faire.

ET fil fe trouve quils facent chofe contraire au contenu defd. privilieges & jurifdiction politique fe foumetront eftre par lefd. confuls prives dud. droit de bourgeoifie, & deftre mulcte ez afmande, fellon l'exigence du cas.

LE dict ferment prefte aux conditions fufd.

VEU la deppofition des acteftans par laquelle appert quils font gens de bien, de bonne vie & honefte confi-deration, & quils font cantonnes en la prefente jurif-diction, feront receus par lefd. confuls pour jouyr defd.

privilieges, franchifes & libertes, comme tous autres bourgeois ont acouftume faire.

Et que, fuyvant leurs foubzmiffions, fil fe trouve quils facent chofe contraire aux privilieges, franchifes & libertés & jurifdiction politique de lad. ville, feront prives dud. droict de bourgeoifie & aultrement mulcte, comme lefd. confuls verront eftre affaire par raifon.

Et demeureront leurfd. biens fur confifcation & affectes pour le paiement des dix livres en advenement quils vouluffent vendre tous leurs biens pour aller demeurer en aultre jurifdiction.

Sera bailhee par lefd. confuls lettre fellee
du fceau de la ville & fignee du clerc
de la forme qui fen fuyt :

Lan mil   & le
jour du moys de   Nous
confuls de la ville de Montfegur, aprés qu'il nous a pareu par acteftans que
eft homme de bien, de bonne vie & honefte confideration, & quil eft cantone en la prefente jurifdiction, & que lecture des privilieges de la prefente ville luy a efte faicte & quil a jure fur les evangiles deftre bon & loyal au Roy & a la ville & de maintenir lefd. privilieges & faict aultres foubzmiffions contenues en lacte receu ce jourdhuy par le clerc de la ville & paye une halebarde pour la deffenfe & tuifion de lad. ville, lavons receu Bourgeois pour dorefnavant jouyr des franchifes, couftumes, libertes & privilieges. Et que, fil faict chofe

contraire a iceulx, il fera par nous prive de lad. jouyſ-
fance de droiĉt de bourgeoizie & mulĉte en aſmande
fellon le cas.

> (*Confirmation des priviléges en janvier 1613.*
> *Enregiſtrement ſuivant l'arrêt de la Cour*
> *donné à Bourdeaulx, en Parlement,*
> *le 22 aôuſt 1613.*)

CONSULS. PRUD'HOMMES. BOURGEOIS.

On vient de voir que, d'après les statuts, les quatre
consuls chargés de l'administration de la communauté,
étaient renouvelables tous les ans.

L'élection en était faite par la voie du scrutin (ce
qu'on appelait *scrutiner*). Les consuls des deux années
précédentes proposaient les nouveaux candidats, les
prud'hommes non suspects votaient avec les anciens
consuls et la majorité des suffrages désignait les nouveaux.

Bien que les électeurs fussent en petit nombre, il
arrivait parfois que l'élection n'était point exempte de
cabales. Mais alors, comme de nos jours, on protestait;
le Parlement, selon le cas, destituait les nouveaux élus,
et chargeait les anciens consuls d'administrer la communauté jusques à nouvelle élection.

Les consuls n'étaient pris que dans le corps des prud'hommes. Ceux-ci, quand ils étaient réduits au dessous de quarante membres, élisaient parmi les bourgeois ceux qui devaient combler les vides. C'étaient ordinairement les fils ou les descendants des jurats, qui obtenaient cette faveur; en sorte que la Prud'hommie était une magistrature presque toujours héréditaire.

Pour parvenir au rang de bourgeois, l'aspirant était tenu de présenter une requête aux consuls, de prouver par attestans qu'il était homme de bien, de bonnes vie et mœurs, domicilié et propriétaire dans la jurisdiction. Ces justifications faites, la jurade (consuls et prud'hommes) s'assemblait, examinait les titres, et votait, à *la majeure*, sur la demande du candidat.

En cas d'admission, et préalablement à l'obtention des lettres de bourgeoisie, ce dernier était obligé de payer une *halebarde* ou autre *harnoys*, nécessaire à la défense, à la tuition de la ville, et d'hypotéquer ses biens pour la somme de dix livres au profit de la ville, comme garantie pour le cas où il viendrait à vendre sa propriété, et à transférer son domicile hors de la juridiction de Monségur.

Le titre de bourgeois était d'autant plus recherché qu'on l'obtenait plus difficilement. La jurade n'aimait pas à introduire dans la bourgeoisie ceux qui avaient eu le malheur de déplaire à quelqu'un de ses membres. Les éconduits avaient beau en appeler à l'autorité supérieure, et s'en faire recommander : ils ne faisaient que surexciter la répulsion des jurats à leur égard, et s'attirer des réponses peu gracieuses; comme le prouvent les exemples suivants, pris dans les registres de la communauté.

Du 27ᵉ février 1735.

« Repréſentent les fʳˢ conſuls qu'il leur a eſté communiqué
» une requette, en conféquence de l'ordᶜᵉ de Mgr de Boucher,
» Intendant, de la part de C...... artizan de cette ville, tendante
» a obtenir des lettres de bourgeoizie, laquelle requette avait été
» préſentée avant l'ordᶜᵉ de Sa Grandeur, & rejetée par la raiſon
» que la majeure d'icelle trouvèrent que la ville, quant à pre-
» ſent, eſtoit ſuffiſamment pourveue de bourgeois & qu'il y avoit
» dans icelle un nombre d'artizans cogneus qui y habitent depuis
» pluſieurs années auxquels la communauté ne pourroit ſem-
» peſcher, ſans leur faire tort, de leur accorder des lettres de
» bourgeoizie, ſi elle faiſoit tant que de les accorder à C.........
» qui n'eſt quun peyſan eſtranger eſtabli depuis peu de temps
» en icelle.
» Les fʳˢ Maire & procureur ſindic nont peu ignorer les rai-
» ſons que la communauté a eu de rejeter la requette du dit
» C......, puiſqu'ils y eſtoient preſens. Cependant, pour rendre
» les ſieurs conſuls & communauté blamables devant Sa Gran-
» deur, pour toute reſponſe à la requette dud. C......, ils affec-
» tent d'alleguer que les ſieurs propoſants ont refuze au fʳ Albert,
» procureur du Roy, de laiſſer prendre communication des
» ſtatuts, titres & papiers de la communauté, ce qui ne paroit
» d'aucune utilité pour raiſon des concluſions que mʳ le procu-
» reur du Roy a à donner ſur la requette dud. C...... »

Le 6ᵐᵉ janvier 1738, une requête de même genre,
ayant été rejetée par la communauté, les intéressés en
appelèrent à l'Intendant de la province, et provoquè-
rent de la part des consuls la réponse suivante :

« *A Mᵍʳ de Boucher, préſident honoraire à la Cour des*
» *Aydes de Paris, Intendant de police, juſtice & finance dans*
» *la Généralité de Guienne.* »

« Suppᵗ humbᵗ les Maire & Conſuls de la communauté de
» Monſégur, Dizant que les fʳˢ B...., D......., & D...... ont
» formé contre le corps de ville la demande la plus extraordi-
» naire qu'on aye encore vue depuis que le corps ſubſiſte.

4*

» Il y a eu de tous temps dans la ville de Monſégur deux ordres
» différents de bourgeoizie. Le premier ordre eſt compoſé de
» quarante prudhommes qui ſont d'anſiens bourgeois, que la
» ville appelle dans les délibérations où elle peut avoir beſoin
» de leur lumière & de leur conſeil.

» Le ſecond ordre ſe compoſe de ſimples bourgeois qui ſont
» ceux en quy la ville a reconnu la probité & le mérite requis
» pour lui être un jour utiles & à qui elle a donné dans cet
» eſpoir le titre de bourgeoizie.

» Ce premier titre ſe donne avec certaines formalités obſer-
» vées à cet égard dans tous les corps de ville du Royaume.
» L'aſpirant doit pour y parvenir préſenter une requette aux
» maire & conſuls. Cette requette eſt rapportée en jurade. Il y
» eſt délibéré en pleine Aſſemblée ſur le mérite du ſujet. Et s'il
» eſt admis, on luy expédie des lettres de bourgeoizie, au moyen
» deſquelles il jouit de tous les previléges attachés à ce titre &
» devient à portée de parvenir à la prud'hommie, lorſque le
» corps des prudhommes trouvera à propos de luy admettre.

» Mais le corps de ville n'eſt pas moins libre à l'égard du
» choix de ſes prudhommes qu'il l'eſt à l'égard de celuy de ſes
» bourgeois. C'eſt toujours une grace à laquelle rien ne peut le
» forcer, & il eſt ſans exemple, à Monſégur, de même que dans
» les autres corps de ville du Royaume, qu'un particulier aye
» tenté de forcer la ville à le choiſir pour prudhomme ou à le
» recevoir bourgeois. L'uſage a ſeulement introduit que lorſqu'il
» ſe trouve des places vacantes dans la prudhommie, on les
» donne autant qu'il eſt poſſible aux fils des Prudhommes,
» comme eſtant cenſés les plus affectionnés au bien de la ville,
» & d'ailleurs comme une eſpèce de récompenſe des ſervices de
» leur père.

» On voit bien ſouvent que, lorſqu'il ſe rencontre pluſieurs
» concurrents pour remplir les places vacantes de prudhommes,
» chacun des concurrens repréſente ſes raiſons de préférence;
» mais ces repréſentations ſe font au corps de la jurade, où les
» aſpirants doivent préſenter leur requette pour eſtre admis à la
» prudhommie, tout comme pour eſtre receus dans la bourgeoi-
» zie. Ces requettes ſont rapportées au corps de la Jurade quy,
» dans le concours de pluſieurs éligibles, ſe détermine ſur le
» choix à la pluralité des voix. Voilà l'ordre quy de tous temps
» y a eſté inviolablement obſervé. Ce quy devroit eſtre eſtably,
» quand meſme il ne ſeroit pas auſſy inconteſtable qu'il l'eſt.

» Au préjudice d'une loy ſy judicieuſe & ſy reſpectable, les

» fieurs B...., D......, & D...... vous ont, Mgr, préfenté une
» requette dans laquelle ils fe plaignent de ce que la ville ayant
» a choifyr trois fujets pour remplir le nombre de fes quarante
» prudhommes, elle choifit le f^r Ragot, fils, le f^r Conftantin,
» fils & le f^r Clary, & ils demandent que la délibération, qui
» porte ce choix foit détruite, & qu'à la place de ces trois fujets,
» ils foyent tous les trois admis dans le corps de prudhommie.

» La feule irrégularité de leur demande fuffirait pour les faire
» defchoir, fy ces parties avoient quelque dezir d'entrer dans le
» corps des quarante prudhommes. C'eft au corps de ville qu'ils
» devoient fadreffer. Il falloit préfenter leur requette felon
» l'uzage, fe mettre en concours, fe mettre fur les rangs avec
» les fujets que l'on a choifis. Le corps de ville auroit eu égard
» à leur demande, s'il y avoit eu lieu. Et dès qu'ils n'ont pas
» pris cette voie, qu'ils ne fe font pas préfentés, qu'ils n'ont pas
» donné leur requette au corps de ville, ils font pour cette feule
» raifon non recevables dans leur demande, & on n'eft pas
» obligé d'avoir égard à une demande qu'ils n'ont pas faite ou
» s'ils ont creu pouvoir fe difpenfer de cette formalité, c'eft un
» mépris qui les rendroit encore plus indignes de la grace qu'ils
» exigent.

» Une raifon fupérieure, c'eft que le choix des prudhommes
» a toujours dépendu du libre arbitre du corps même des
» prudhommes. C'eft à eux feuls qu'il appartient de fe choifir
» les fujets qui leur conviennent pour remplir les places vacantes.
» Cette liberté ne leur eft pas moins acquize quelle l'eft à Bor-
» deaux, foit pour le choix de fes jurats, foit pour le choix des
» prudhommes qu'ils appellent dans le cas où ils ont befoin de
» leur confeil. Il n'y a point de bourgeois qui foit en droit de
» prétendre qu'on doit le porter ou à la Jurade ou à la Prudhom-
» mie. Ce choix eft arbitraire & dépend de la pure volonté des
» électeurs.

» Ainfi c'eft une témérité inouye de vouloir forcer d'authorité
» les fuffrages de tout un corps fur une élection purement gra-
» cieufe.

» Inutilement les parties adverfes ont-ils voulu relever des
» raifons d'incompatibilité dans les fujets que les fuppliants ont
» choifis; car à faindre qu'il y eut quelque fujet d'exclufion
» contre les fujets, les parties adverfes doivent favoir qu'on ne
» pourroit jamais réformer la délibération qu'ils ont prife à cet
» égard que par la voie d'appel, & ils n'ignorent pas à quel tri-
» bunal cet appel devroit eftre porté. Il ne feroit mefme pas mal

» aifé de leur faire voir en ce cas qu'ils ne feroient pas parties
» pour relever un appel de cette efpèce qui refideroit dans les
» mains feulement de la partie publique.

» Mais indépendamment de ces raifons quels prétextes d'in-
» compatibilité eft ce qu'ils employent? Si la raifon de parenté
» eftoit un fujet d'exclufion comment feroit-il poffible de trouver
» quarante fujets dans une auffy petite ville que Monfégur quy
» ne fuffent pas parents? Ce moyen eft fy peu plaufible que les
» lois mefme nous apprennent que, dans les affaires où il fagit
» du droiçt public, le père peut non feulement opiner avec fon
» fils, mais il peut luy donner fon fuffrage dans les élections, &
» réciproquement le fils le peut donner au père. La feule chofe
» qu'on peut obferver à cet égard, pour prévenir les cabales,
» c'eft que quand les parents font à un certain degré de proxi-
» mité, leurs fuffrages, lorfqu'ils font femblables, ne font
» comptés que pour un, au lieu que chaque voix fait nombre,
» lorfqu'ils fe trouvent différents, ainfi que l'a préjugé Votre
» Grandeur par fa lettre du 7 juillet 1735, qu'elle fit l'honneur
» d'écrire à la communauté à ce fujet.

» N'eft-ce pas encore une pitoyable raifon de dire qu'il y a
» parmi ces prudhommes des aveugles qu'il faut exclure pour y
» placer les adverfaires? L'affliction de la vue eft fy peu une
» exclufion de prudhommie que les loys veulent que celui quy
» eft dans une telle infirmité puiffe, nonobftant cela, faire les
» fonctions de juge : *Cæcus judicandi officio fungitur.* A plus
» forte raifon une affliction de cette efpèce ne doit-elle pas priver
» un prudhomme des fonctions de la prudhommie.

» Quant à ceux quy font malades ou abfents, c'eft un cas quv
» feroit bien difficile à éviter. Il n'eft pas poffible que, fur le
» nombre de quarante, il ne fe trouve toujours quelques abfents
» ou quelques malades; mais on fent bien auffy que la ville n'a
» pas toujours befoin de quarante deliberants, & que ceux quy
» reftent font fuffifantz pour prendre les confeils dont elle a
» befoin. En forte que tous les prétextes des parties adverfes
» font auffy frivoles que leurs prétentions.

» Il y a plus. C'eft qu'à confidérer leur qualité particulière,
» ils n'ont point celle quy eft effentiellement requize dans le cas
» prefent pour parvenir a la prudhommie. L'uzage de tous les
» temps obfervé eft qu'on choifit les prudhommes parmy les
» bourgeois du fecond ordre. Les frs B...... & D...... n'ont
» jamais efté admis dans ce rang; ils n'ont point de lettres de
» bourgeoizie. Il eft vrai qu'ils ont exercé par commiffion du-
» rant l'efpace de dix mois les charges de maire & de conful de

» la derniere creation de Sa Majeſté; mais on fait que ſy le Roy
» donne des privileges a toutes ſortes de perſonnes dexercer ces
» ſortes de charges, ces privileges ne durent que tant quil plait
» au Roy de les maintenir dans leur exercice; & cet exercice
» fini, ils reviennent dans leur premier eſtat, & n'acquierent
» aucun des privileges de la jurade elective.

» Ceſt ainſy quon en uze à Bordeaux & dans tous les autres
» corps de ville.

» Ainſy l'exercice du Conſulat des parties adverſes qui leur
» avoyt couſté dix livres dachat eſtant fini, ils ſont devenus dans
» leur premier eſtat de ſimples habitans & ne peuvent uzer
» d'aucun des privileges de bourgeoizie, ny par conſequent
» aſpirer au titre de prudhomme.

» Ces raiſons ont déja paru deciſives aux frs B.... & D......,
» deux des parties adverſes quy, par un acte quils ont ſignifie au
» fr Dupin, avocat au Parlement, commis de la part de Votre
» Grandeur, du 15 du preſent mois de fevrier, ont declare ſe
» deſpartir de la requette quils avoient eu lhonneur de vous
» preſenter, & ont proteſte quils n'entendoient en faire aucune
» ſuite. En ſorte qua leur eſgard, il n'y a point de difficulte de
» les debouter de leur demande avec deſpens. La condamnation
» quils ont volontairement priſe rend cette deciſion inevitable
» dans leur intereſt.

» Sy le fr D..... qui eſt le troiſieme, & qui perſevere na pas
» la meſme ſageſſe que les autres, il eſt a plaindre de navoir pas
» pris un auſſy bon conſeil; & ſy la retractation de ſes collegues
» na peu luy ouvrir les yeux, il y a lieu de croire que le juge-
» ment de Votre Grandeur les lui deſcillera.

» Du reſte, comme la retractation des frs B....... & D....... a
» change l'eſtat des choſes, on a creu que Votre Grandeur ne
» trouveroit pas mauvais quon ſe diſpenſaſt de faire devant le
» fr Dupin l'inſtruction dune affaire auſſy pleniere. Lorſque
» Votre Grandeur avoit nomme ce commiſſaire aux partïes, elle
» avoit ſans doute penſe que laffaire pourroit eſtre de quelque
» diſcuſſion, mais le deſpartement des deux des parties la rendeue
» ſy evidente quil neſt point beſoin d'inſtruction, pour debouter
» lautre. On doute meſme que le fr Dupin quy eſt dans une
» liaiſon des plus étroites avec ce tiers, eut volleu ſe charger de
» cette inſtruction, a ſuppoſer quil y en eut a faire. Mais encore
» une fois la choſe eſt ſy évidente que Votre Grandeur eſt ſeure-
» ment a portee de la decider ſur la ſimple requette des ſupplians.

» Ce conſideré, Mgr, il plaira à V. G., attendeu le deſparte-
» ment des dits B....... & D....... debouter les dites parties des

» conclufions de leur requette du 6 janvier 1738, &, fans
» farrefter a chofe dite ny alleguée par led. D...... dans la dite
» requette le deboutter pareillement des conclufions par luy
» prifes encore dans ladite requette ; condamner toutes les dites
» parties aux defpens envers les fupplians, & ferez bien. *Signé* :
« DUPEYRON, depute faifant pour la communaute, RAGOT, con-
» ful, depute, faifant pour la communauté. »

« Veu la requette & lacte de defiftement des fieurs Pierre B.....
» & Louis D...... du 15 février 1738,
» Nous, attendeu ledit defiftement avons deboute lefd. frs B....
» & D....... ainfy que led. fr D..... de leur demande portee par
» leur requette du fix janvier dernier.

« Fait à Bordeaux le 23 février 1738.

« *Signé* : BOUCHER. »

Le bourgeois de Monségur, comme les bourgeois des
autres villes de la Guienne, jouissait du privilége d'introduire dans la ville le vin qu'il récoltait dans sa propriété, de le vendre ou de le faire vendre à pot et à
pinte.

Cette faculté était interdite aux vins étrangers ; — on
les confisquait au profit des pauvres ; — de sorte que
les habitants ne pouvaient consommer que des vins
provenant des crus bourgeois de la localité.

A cet effet, les débitants, *hotes, cabaretiers & ven-
deurs de vin à pot & à pinte*, étaient obligés de prêter
serment de *fidélement vendre le vin, de faire bonne
mezure, de ne vendre le vin à l'un plus qu'à l'autre, de
ne mefler pas le vin qu'ils vendent le rouge avec le blanc,
de n'acheter point de vin après la St Martin qu'aux
bourgeois de la ville, & de n'en point faire entrer
deftranger, de ne fe fervir que de bouteilles contenant
le demi pot mezure de la pne ville, afin que le public ne*

*ſoit trompé, & de ſervir le pauvre comme le riche, à
peine de confiſcation & d'amende.*

Cette règle générale dût cependant fléchir, à La Réole
pendant le séjour qu'y fit le Parlement de Guienne, de
mai 1678 à décembre 1690. La cour y donna un *arreſt*
portant permission *de faire entrer en la préſente ville
toutes ſortes de vins étrangers, en payant deux écus de
droit par tonneau.* Les droits d'entrée sur le vin forain
y furent adjugés, en 1682, pour la somme de 4500 l.
par an.

En échange du privilége que les statuts lui accor-
daient, le bourgeois devait concourir à la tête des autres
habitants, à la défense de la ville contre l'ennemi du
dehors, et prêter main forte aux consuls chargés de la
police intérieure, toutes les fois que retentissait le cri :
Ayde citoyen, ayde au roi. Ce cri n'était poussé qu'à la
dernière extrémité, et alors seulement que l'exhibition
de la livrée consulaire ne suffisait pas pour réprimer le
désordre et ramener les fauteurs à l'obéissance et au
respect dus aux magistrats.

Le consul insulté ou méconnu dans sa dignité, dres-
sait procès-verbal, assemblait la *jurade*, lui exposait
les faits, lui demandait l'approbation de sa conduite, et
la poursuite des coupables aux dépens des deniers publics. Voici un exemple de la façon dont les choses se
passaient :

Du 20ᵉ septembre 1665.

» Par le fʳ Maſſiot ſindicq a eſte repreſente que le ſeizieſme du
» courant eſtant ſoubz les aubanz de la diƈte ville ſe prome-
» nant avec pluſieurs bourgeois il auroit veu entrer dans ſon
» logis trois perſonnes a luy incogneues, armees deſpees & piſ-
» tolletz ce quy lauroit oblige de ſadvancer vers ſond. logis ou

« eſtant entre il auroit entendeu au hault de lad. mayſon leſd.
» trois perſonnages quy cherchoit dans la chambre dud. Maſſiot.
» Et eſtant monte leur auroit demande ce quils cherchoit. Et ce
» diſant ſe feroit faiſy de ſa livree conſulaire laquelle ayant remis
» ſur les eſpaules leſd. perſonnages luy auroient prinſe par force
» & violence & lauroient jettee par terre & par meſpris mis le
» pied deſſus & lauroient foulee & pris led. fr Maſſiot au collet
» & trene dans la grande rue ce quy lauroit oblige de crier *ayde*
» *citoyen ayde au roy* auxquels cris feroient accoureus pluſieurs
» bourgeois & habitans de lad. ville quy auroient fait laſcher
» led. Maſſiot leſquels perſonnages avec chaſcun une eſpee nue
» a la main en auroient bleſſe led. fr Maſſiot a un doigt de la
» main dextre. De quoy led. fr Maſſiot auroit dreſſe ſon procès-
» verbal.

» Demande eſtre approuve diceluy, & ſil lenverra a Mr Boudin
» pour le faire decreter ou bien ſy on prendra ſon ſentiment ſur
» ce. Et parce que pluſieurs bourgeois & habitans ont accoureu
» a ſon ſecours & que on pourroit avoir quelque decret contre
» eux demande aud. conſeil que le corps aye a deliberer ſy on
» prendra le fait & cauze pour eux & que le tout ſoit pourſuivy
» aux deſpens publics. Que ſy cela a lieu que lon oye un conſul
» crier *ayde au roy* & que les habitans y ayant coureu ſoient
» criminelz demeureront ſeuls faiſant quelque acte de police. Et
» ce feroit en conſéquence fort pernicieux.

Celui qui refusait de monter la garde le jour ou la nuit, était privé de la bourgeoisie et puni d'une amende de dix livres.

L'esprit militaire dominait chez tous les citoyens, et l'on en vit rarement qui renonçassent au droit de bourgeoisie.

Passionnés pour leurs libertés et franchises, ils ne craignaient pas de résister aux ordres des lieutenants des gouverneurs de la province, et de les empêcher de venir tenir garnison dans la ville.

En 1616, le sr de Madaillan, maréchal des logis de la compagnie de M. de Roquelaure, gouverneur de la

Guienne, ayant voulu venir avec sa compagnie à Monségur, les jurats lui envoyèrent un message pour le
prier de se contenter des deux longues stations qu'il y
avait déja faites, sans qu'il eut besoin de revenir,
attendu qu'il n'y avait ni foin, ni avoine ni autres four-
rages, *le tout ayant été dissipé & mangé par la compagnie de M. de Barrault, sénéchal & gouverneur du
Bazadais, & par la compagnie des Carabins du capitaine Bonsol & autres.*

Madaillan répondit qu'on eût à pourvoir la ville de
toutes les provisions nécessaires à l'entretien de sa
compagnie, et qu'il s'y rendrait, le 25 février. Les
habitants, réunis à la jurade, décidèrent, à l'unanimité,
qu'on l'empêcherait d'entrer.

Ce qui eut lieu, et ce qui offensa fort M. le maréchal
de Roquelaure, car il ne voulut rien entendre des ex-
plications données plus tard, à ce sujet, par le député
que la communauté avait délégué auprès de lui, à Bordeaux.

Il le menaça même de se rendre en personne à Monségur pour en forcer l'entrée. A cette nouvelle, et le
5 mai 1616, la jurade prit la résolution suivante :

« Que, sy Monseigneur le mareschal de Roquelaure
» vient & se présente à la porte de la ville pour y entrer,
» quon parlera a luy le plus modestement que faire ce
» pourra, nealmoingz avec assurance heu esgard aux
» menasses quil a faict contre les consulz, le cappitaine
» de la ville & autres habitans, & que touchant loffance
» quil pretend luy avoir este faicte au reffuz qu'on a
» faict cy-devant de lentree de sa compaignie, lesd.
» consulz & cappitaine se pourteront dans une consier-

» gerie ou ailleurs pour eſtre faiƈt juſtice ſils ont delin-
» que ; ce quils croyent navoir faiƈt & que, ſil veult
» uzer de force & entrer, quon luy fermera la porte. »

ROBES CONSULAIRES.

De quel costume se revêtaient les consuls dans les cérémonies publiques ou lors des troubles intérieurs, pour s'attirer le respect du peuple et se rendre en quelque sorte inviolables ? — L'extrait suivant d'une délibération prise par les jurats, le 24 avril 1763, répondra à cette question.

» Par les jurats a été repréſenté que la tradition leur a appris
» que de tous temps il y a eu dans la préſente communauté des
» robes de jurade, faites au depens des revenus d'icelle & qui
» ſervoient a Mʳˢ les officiers municipaux dicelle, ſans ſortir de
» lhotel de ville que quand les jurats alloient aſſiſter en corps
» aux offices divins, porter le dais, lors des proceſſions du Sᵗ
» Sacrement, aſſiſter au *Te Deum*, apaiſer les déſordres, &ᵃ.

    » Que ces robes étoient my-partie *d'un drap écarlate* du
» coté droit,
    » & d'un *drap de peignon noir*, du coté gauche ;
» Le devant de l'un & l'autre coté & le collet, d'un *taffetas à
» deux bouts rubry* ; le collet de chacune des dites robes également-
» ment doublé de la même couleur du taffetas ; les dites robes
» attachées avec un ruban de la même couleur de la doublure :
» que lorſque mʳˢ les jurats aſſiſtoient aux cérémonies, ils
» étoient plus decemment mis & ſattiroient une plus grande
» conſidération de la part des habitans ; que ces robes ayant
» fini par vétuſté mʳˢ les jurats n'ont pu aſſiſter avec la décence
» néceſſaire ny aux offices divins ny aux cérémonies publiques,
» ont perdu par ce moyen la conſidération que le peuple doit
» avoir pour eux, la ſubordination ayant de beaucoup manqué,
» étant néceſſaire pour le bon ordre de la retablir. Ils demandent
» que la jurade aſſemblée aye a y deliberer.

    » Arrêté qu'on fera faire quatre robes de la même façon, de
» la même eſpèce de drap & à la même doublure qu'elles ſont

» énoncées dans la propofition , lefquelles feront dépofees dans
» une armoire faite & placee dans le prefent hôtel de ville pour
» leur confervation , lefquelles robes pourront couter de 575 à
» 58o livres, laquelle fomme fera prife fur les revenus patrimo-
» niaux. »

Tel était, avec le chaperon, le costume des quatre
consuls, à l'instar de celui des villes voisines de La
Réole, Sainte-Bazeille et Marmande.

Jusqu'en 166o, Monségur avait joui de tous les priviléges et attributs des villes royales. Mais le roi ayant
résolu de faire parachever les bâtiments du Louvre et
agrandir ses cuisines, ordonna, par arrêt de son Conseil d'Etat, en date du 10 avril 1659, que toutes les
maisons qui se trouvaient depuis l'hôtel du Louvre, le
coin de la rue Fromentaire jusques à la rue de Beauvais,
et, de retour, le long de la dite rue de Beauvais jusques
au pavillon du coin du Louvre, seraient achetées, et
qu'à cet effet, le sieur Ratabon, intendant général des
bâtiments royaux, nommerait des experts. En conséquence, messire Gabriel-Joseph de Lavergne (*),
vicomte de Guilheragues, intendant de maison et affaires du prince de Conty, et premier président en la Cour
des aides de Guienne, *baille, cede, quitte, tranfporte
& delaiffe, a titre d'efchange, de troc*, à Sa Majesté,
» ce acceptant pour Elle & fes fucceffeurs rois, les
» feigneurs d'Aligre de Breteuil & Marin, deux mayfons

(*) Dans le livre de recoignoiffances des redevances féodales de
la maison noble de Semens, dont le seigneur était Henry de
de Lageard, figurent les hoirs de Jean, de Clément, de Margue-
rite et de Simon de Lavergne, en 166o, au village de Gibellet,
commune de Daubèze, canton de Sauveterre.

» tenant lune lautre, fizes en notre ville de Paris, rue
» de Beauvais, où eft pour enfeigne le Croiffant, joi-
» gnant le petit paffage conduifant de la dicte rue dans
» le chateau du Louvre reduites à préfent en trois
» corps de logis, cour & autres appartenances & dépen-
» dances, fans en rien réferver, contenant en fuperficie
» la quantité de foixante huit toizes......................

» Pour & contre efchange de quoy les dits feigneurs
» d'Aligre de Breteuil & Marin, pour & au nom de
» S. Majefté, & en vertu du fufdit arreft de fon Con-
» feilh d'Eftat fufdict, ont baille, cede, quitte, tranf-
» porte & délaiffe, au dict tiltre d'efchange, de troc,...
» .... au nom du dit feigneur Roy........
» .... ce acceptant led. fr de Guilheragues pour luy
» & fes hoirs ayant caufe,
» la terre, feigneurie, ville & prevofte de Monfegur,
» confiftant aux paroiffes de Nujons & Montignac, St-
» Sulpice, Andraut & St-Vivien, Cours, St-Michel,
» Foffes & Baleffac, Lapujade & Ste-Gemme, les fiefz,
» cens, rentes, lotz & ventes, terres cultes & incultes,
» domaines, juftices haute, moyenne & baffe dans lad.
» ville, prevofte & paroiffes fus nommees & generale-
» ment tous droitz, fruictz, profitz, revenus & efmo-
» lumens que Sa Majefté a dans la dicte ville, prevofte,
» appartenances & dependances..................,.......
» .... avec pouvoir & faculte au dict fr de Guilhera-
» gues de faire & exercer lefd. juftices en fon nom &
» pourvoir par luy aux offices d'icelle, & eftablir les
» officiers qu'il voudra lors & toutes les fois & quantes
» bon luy femblera, & du tout jouir fes hoirs & ayant
» cauze. »

Les guerres et les pestes qui désolaient la juridiction,
le droit qu'acquit le nouveau seigneur de choisir deux
consuls sur la liste que la jurade était obligée de lui présenter chaque année, affaiblirent peu à peu le prestige
des officiers municipaux ; de telle sorte qu'en 1763, ils
étaient réduits à ne porter que le chaperon pour marque distinctive de leur autorité. Les charges d'ailleurs
étaient devenues vénales par l'édit de 1733. La vénalité
n'était pas de nature à en rehausser le prestige.

VARIÉTÉS

RÉCEPTION DU SÉNÉCHAL DE BAZAS FAISANT SON ENTRÉE
POUR LA PREMIÈRE FOIS DANS LA VILLE DE MONSÉGUR.

L'an mil fix cens treze & le dixfeptiefme du moys
daouft par devant Nous Anthoine Faubert de Barrault,
senefchal & Gouverneur deu Bazadois, Vis-admirailh
en Guienne, baron de Blaignac & autres places, Eftant
près le pont appelle de Monhault, faux bourc de la ville
de Monfegur au dict Bazadois, fe font compareus &
prefantes m^{rs} Anthoine Andrault, Juge de la dicte ville,
honorables & difcrettes perfonnes Anthoine Favareau,
premier conful & findicq de la ville, acifte de m^{rs} Richard Laubertye, tenant la place de Jehan Texier,
fecond conful, & Pierre de Labatut, tenant la place de
fieur Jehan Guilhem, dit Biducq, quart conful. Par la
bouche duquel Andrault nous avons efte falue de la
part des officiers de la Jurifdiction, ayant auparavant
efte falue d'une compaignie darquebuziers & picquiers
conduitz par fieur Franfois Villevieilhe, tiers conful
de la dicte ville. Et appres que le dict Andrault nous a
randeu les devoirs fufdicts, le dict Favareau nous a
offert le fervice, tant en general que en particulier de
la dicte ville, nous recoignoiffant pour fenefchal, gouverneur ordinaire tant de la dicte ville que de la fenef-

chauffee ; en figne de ce, Nous a dellivre les clefz de
ladicte ville lefquelles Nous avons refeues, & a mefme
inftant de nos mains luy avons randues, luy declairant
que Nous Nous contantions de l'offre & debvoir quy
nous eftoit par luy randu, en nous affurant quelles ne
fauroyent demeurer mieux antre autres mains que du
findicqz des confuls de la dicte ville, la fidellite defquels a efte recongneue jufqu'a prefent pour le fervice
du Roy : Et que de noftre part, nous aurions recongneu
leur bonne affection, tant comme fift monfieur de Barrault, noftre predeceffeur & pere. Appres lefquelles
clefz refues de nos mains par le dict Favareau, ycelluy
Favareau en quallité fus dicte, & acifte comme dict eft
de Michel Duboys, feigneur de La Roque & Peyre-
longue, capp[ne] de la dicte ville, Et Anthoyne Jailles de
Mec, Jehan Ducaffe, Gailhard de Lefglize, m[e] Bertrand
de Labatut, & Franfoys Dupied, advocatz au parlement
de Bourdeaulx, Pierre Rocquette, m[e] appoutiquere,
Guilhaume Mingault, capp[ne], Pierre Durand, Anthoyne Bareilhes, Siriffe Maffiot, Gailhard Rocquette,
Jehan Paftureau, Pierre Gaumar, m[es] Andre Beyly, &
Jehan Daban, notaires royaulx, Jehan Dupeyron,
Nicollas de Labatut, Bertrand Salvy & m[e] Rolland
Duzan, &[a], les tous du confeilh de la dicte ville & de
plufieurs autres bourgeois & habitans principaulx de la
dicte ville. Le dict Favareau nous a remonftre que, par
previlieges expres de lad. ville, confirmes tant par le
Roy a prefent regnant que par plufieurs Roys, il eft
porte que les fenefchaulx, faifant leur entree premiere
en la dicte prefante ville, doivent prefter le ferment par
devant lefdictz findicq & confuls, ayant lefdictz confuls
par prealable prefte le ferment par devant le dict fenefchal, Nous declairant de leur cotte quils font predz,
des que nous ferons antres dans la dicte ville & dans
lefglize prinfipalle, de faire la preftation du dict fer-

ment; Nous requerant & fuppliant voulloyr accepter leur offre, & interiner leur dicte requette & voulloyr, de noftre part, effectuer le contenu au dict previliege. Auquel Favareau & aciftans fufdictz nous aurions promis & refpondu que nous faifant apparoir le dict previliege & chofes fus dictes par eulx aleguees, que de noftre part il y feroyt fatiffaict.

Et le Landemain, appres nous avoyr exhibe le dict previliege dont la teneur fan fuict : *Item ftatuimus quod cum fenefcalus nofter in Vafconia de novo venerit, eis jurabit; & dicti burgenfes jurabunt fenefcalo noftro, prout in aliis villis terræ noftræ Vafconiæ,* Et la preftation du ferment de meffire Gafton de Monferran, vivant fenefchal du dict Bazadois, de l'an mil quatre cens nonante & trois, contenant que a la premiere affize tenue au dict Monfegur par le dict fieur de Monferran, il auroyct faict prefter le ferment aus dictz confuls, & appres l'avoir prefte entre les mains d'iceulx confuls. Sur quoy, nous fommes achemines dans lefglize Noftre Dame de la prefante ville, acompaigne des dictz Duboys, en quallite de capp^{ne}, Andrault, en quallite de juge; Favareau, Laubertye, Villevieilhe & Labatut, confuls fus dictz, faifant tant pour eulx que pour toute la dicte ville & prevofte de Monfegur. Et y aciftant m^e Nicollas Defchamps, procureur du Roy, antcien conful. Yffue de grand meffe, leur ayant faict lepver leurs mains dextres, lun appres lautre, dicelles faict toucher les Saincts Efvangilles fur le Grand autel, Bezer la saincte Croix, leur avons faict jurer & promettre d'eftre bons & fidelles ferviteurs du Roy, noftre fire, & nous recongnoiftre pour leur vray fenefchal & gouverneur ordinaire, & ne recongnoiftre autres, appres monfeigneur le Gouverneur nay, monfeigneur le prince & monfieur le Lieutenant général du Roy en Guienne, que Nous; ce quils nous ont promis faire.

Et ce faict, Nous avons jure & promis de les maintenir & conferver en leurs previlieges, franchizes & libertes, & leur randre & faire randre juftice lorfque nous
en ferons requis & que befoing fera.

Et en figne de ce, avons mis la main deffus les diétz
Sainétz Efvangilles, & beze la Sainéte Croix, le tout
foubz l'autorite de Sa Majefte; &, aulx fins de perpe-
tuelle memoyre, avons faiét efcrire le prefant aéte a
M' Pierre Conftantin, greffier des diétz confuls, que
nous avons figne de noftre fain & faiét figner auídiétz
confuls & y celluy fcelle de nos armes, le jour moys &
an que deffus, ez prefance de noble Jehan de Seintout,
efcuyer, Lancellot de Belcrer, efcuyer, Pierre Fortaige,
fieur de Boyautiran, Jofeph de Bonefga, efcuyer, fieur
de Pudris, & plufieurs autres gentils hommes de noftre
fuite, & m^e Pierre Dentraigues, advocat audiét parlement de Bourdeaulx, & Jacques Duffault, capp^{ne}, lefquels tous habitans du diét Bazadois. *Signé :*

ANTOYNE FAUBERT DE BARRAULT.

FAVAREAU, *fy. premier conful.*　　LAUBERTIE.

SEINTOUT.　　　LANCELOT DE BELCRER.

LABATUT.　　　FORTAIGE.　　　DUSSAU.

　　　　　　　　　DENTRAIGUES.

Le bas de chaque page du Registre porte les signatures sui-
vantes : *Irosnime* MILIANY, comme fecrétaire de mon diét
feigneur de Barrault, CONSTANTIN, greffier des diétz fieurs
confuls.

MISSION ET JUBILÉ.

L'an mil fix cens quatre vingt deux & le trentiefme de may dans la ville de Monfegur en Bazadois eftant confuls Meffieurs mᵉ Jofeph de Mounereau, findicq premier conful, fieur Richard Rocquette, fecond, fieur Pierre Clary, tiers & fieur Jacques Teffier de la Rocquette, quart, la miffion des reverans peres capufins eft entree dans cefte ville, eftant le chef de lad. miffion le reverant pere Paul, Gardien du couvent des capufins de la ville de Marmande, aciftans aveq led reverant pere Paul, les reverans peres Barthelemy, Jean Louis Denis & le pere Stanger qui y ont refte jufques au jour & fefte de St-Jean Baptifte, vingt quatriefme de Juin, mefme annee que la dicte miffion finit. Pendant le temps de laquelle il fuft faict quatre proceffions. La premiere fuft des filhes; la fegonde des femmes; la troifiefme fuft des enfans & filhes qui n'avoient pas encore communie, & la quatriefme & derniere fuft celle des hommes qui fuft faicte avecq le Saint Sacrement. Il y fuft plante une croix le vingt deuxiefme du dict moys de juin, au devant de lhoftel de ville & proche du puitz. Il y avoit du moingz des perfonnes qui y acifterent huict mille ames. Toutes ces proceffions furent faictes avecq chafcun un cierge. La croix fuft portee par meffieurs les confreres du St-Sacrement. Et il y arriva par un furcroift de grace un jubile. Il fy randit plufieurs perfonnes de la Religion calvinifte qui firent leur abjuration dans lefglize Noftre Dame de la prefante ville par devant le dict pere Paul. C'eftoit une merveille de veoir la grande affluence de perfonnes qui acifterent a cefte miffion & quantite de proceffions qui y vindrent des environs.

Signé : RAGOT, greffier & fecretaire de la jurade.

1533.   Me Martin Gachoun, *premier*; Blessiot Jaylles, *fegond*;
        Fortis Johan de Loucres, *tiers*; Bernard Guilhem, *4e*.

1534.   Arnault Gosse, *premier*; Me Jehan Chameyrac, *fegond*;
        Jehan Peynot, *tiers*; Jehan de Lagno, dict Morren, *4e*.

1535.   Jehannot Gaumard, *premier*; Guilhem Audubert; Jehan
        Guyard; Fransois Sorbier.

1536.   Me Hélies Ducasse; Gailhard Gavarroche; Fransois
        Gaumard; Gailhard Delesglise.

1537.   Me Anthoine Bordes; Augier Guilhem; Anthoynot
        Jaylles; Me Helyes de Labatut.

Lan moins deshoneste.

1538.   Anthoine Duplessy; Me Jehan Dupuy; Raymond Bou-
        cherie; Jehan Baudichon.

1539.   Me Jehan Deschamps; Martin Andrault; George Des-
        champs; Me Guilhaume Cabandey.

1540.   Me Michau Duboy; Jeannot Durand; Me Meric Jailhes;
        Me Guilhaume Pellé.

1541.   Me Guilhem Audubert; Bernard Guilhem; Me Jacques
        de Gachon; Pierre Dutrieu.

1542.   Gailhard Gavarroche; Anthoynot Jaylles; Me Helyes
        de Labatut; Richard Audubert.

1543.   Me Andrault Brandin; Fransois Gaumard; Bertrand
        Jaylles; Peyrothon de Sainct Aubin.

1544.   Me Jehan de Chameyrac; Me Jehan Dupuy; Jehan Pey-
        not; Jehanot Gaumard.

1545.   Me Anthoyne Bordes; Me Méric Jailhes; Anthoyne
        Deschamps; Gailhard Audubert.

1546.   Augier Guilhem; Pierre Dutrieu; Gailhard de Locres;
        Me Louys Ducouing.

1547. Anthoynot Jaylles; Jehan Boucherie; Pierre Fortic; Vincent Cabrier.

1548. Mᵉ Michel Duboys; Mᵉ Helyes de Labatut; Richard Audubert; Pierre Joly.

1549. Mᵉ Jehan de Chameyrac; Mᵉ Jehan Dupuy; Mᵉ Guilhem Pelle; Arnaud Trimpollet.

1550. Mᵉ Jacques de Gachon; Martin Andrault; Mᵉ Jehan Ducasse; Guilhaume Roudier.

1551. Pierre Dutrieu; Bertrand Jaylles; Peyrothon de Sainct-Aulbin; Anthoyne de Locres.

1552. Fransoys Gaumard; Gailhard Audubert; Mᵉ Fransoys La Roche; Gailhard Gabarroche.

1553. Anthoynot Jaylles; Anthoyne de Jehan; Gailhard de Locres; Bernard Sudric.

1554. Martin Andrault; Richard Audebert; Arnault Trimpollet; Jehan Ragot.

1555. Pierre Dutrieu; Jehannot Gaumard; Vincent Carriere; Anthoyne Dutrieu.

1556. Jehan Peynot; Mᵉ Francoys La Roche; Jehan Audubert; Jehan Fercan, dict Cailhe.

1557. Gailhard Audubert; Arnault Trimpollet; Anthoyne de Locres; Sirice Guyrault.

1558. Francoys Gaumard; Gailhard de Gabarroche; Pierre Jolly; Augier Page.

1559. Pierre Dutrieu; Gailhard de Locres; Jehan Ragot; Raymond Carriere.

1560. Richard Audubert; Anthoyne Dutrieu; Guilhaume Roudier; Jehan Brungnars.

1561. Jehan Peynot qui ne print le sindic, et Richard Audubert, tiers consul, fust en son lieu; Arnault Trimpollet; Dinoche Carriere; Jehan Lagna.

1562.
1563.
1564.
1565.
1566.
1567.
} Nota. Lacune pendant six années.

La ville fut prise par Montluc en 1562. Il n'est pas étonnant que les archives aient disparu sans laisser aucune trace.

1568. Jehan Audubert; Pierre Dutrieu, le jeune; Arnault Richard; Pierre de Lanbertie.

1569. Jehan Ducasse; Jehan Andrault; Emille Carriere; Bernard Ducasse.

1570. En lan 1570, le premier jor de l'an furent crees consuls Bertrand Jayles; Maistre Laurent Jayles; Ramond Gallisseres; Pierre Bourtade.

1571. *1er janvr*. Jehannot Gaumard; Anthoyne de Locres; Me Jacques Andrault; Estienne Deschamps.

1572. » Me Richard Duboys, recepveur du Bazadoys; Francoys Brandin; Aymery de la Peyre; Peys de Labatut.

1573. » Jehan Ducasse qui na voullu prester serment pour premier consul et sindic; Richard Duboys a teneu pour luy; Ary Richart; Me Jehan Juilhes; Jehan Guilhem, le vieux.

1574. » Jehan Andrault, capitaine; Pierre Texier; Guilhaume Gaumar, capitaine; Guilhaume Durand, dit Montigne.

1575. » Le syre Bertrand Jaylle; le syre Jacques Andrault; le syre Anthoyne Dures; Me Michau Dupie.

1576. » Le syre Anthoyne de Locres; Eymery de Lapeyre; Pierre de Laubertie; Me Arnaud Clary.

1577. » Mr le Recepveur Duboys; Arnault Richard; Estienne de Jehan; Francoys Favareau.

1578. » Jehan Andrault, capitaine; Jehan Juilhes; Pierre Bourjade; Fransois Gaumart.

1579. » Me Laurent Jaylles; Louys Labatut; Me Michel Dupie; Symon Lauland.

1580. » Gaumar, capne de la pnte ville; Anthoyne Dures; Loys Dutrieu; Gailhard de Leglize.

En lad. année 1580, lad. ville de Montsegur, le dix huictiesme jour du moys de may, aud. an que dessus, fust surprinse par monsieur de Meslon, et dotant que les consuls precedens estoyent absents, il en a este en plus cree consuls sire Raymond Carriere; sire Anthoyne Audubert; Me Jehan Luines; le syre Fransois Bareilhe. Les herectiques furent cause de la surprinse faicte contre lautorite du Roy, par lastuce des Juges, Decaze, Gaichons, et autres hereticques principeaulx bourgeois de lad. ville.

1581. Sire Pierre Dutrieu qui na preste le serment; Anthoyne de la Mayson; Gailhard Alber, mᵉ sirurgien; Anthoyne de Chameyrac.

> Hereticques tous quatre.

1582. Sire Anthoyne Audubert; sire Bertrand de Chameyrac; Mᵉ Barthelemy de Berot; Jehan Besson.

> Hereticques tous quatre.

1583. Sire Raymond Carriere qui na preste le serment disant estre vieux et caduc; sire Audubert consul en son lieu; sire Fransois Bareilhes; sire Gailhard de Leglize, qui na preste serment, et Mᵉ sire Berot esleu a son lieu; Mᵉ Lois Roquette, appⁿᵉ.

> Hereticques sauf lesd. Lesglize et Roquette,

1584. Anthoyne de Lamayson; Pierre de Laubertye; Arnault Dupeyron; Ollivier Favareau.

> Lesd. Lamayson et Favareau hereticques. Lesd. Laubertie et Dupey-
> ron catolicques.

1585. Mᵉ Jehan Vimieres; Pierre Bourjade; Jehan Besson; Jehan Carriere.

> Heretiques, lesd. Vimieres et Carriere; catolicques, lesd. Bourjade et
> Besson.

1586. Sire Anthoyne d'Audubert; maistre Barthelemy Robert; maistre Fransoys Pellotte; Jehan Audubert, fils : il fust plus tard sergent.

> Hereticques sauf led. Audubert.

En lad. annee mil cinq cens quatre vingtz et six, et le vingt cinquiesme du mois d'apvril, jour de Sainct Marc, lad. ville de Montsegur fust assiegee par monsᵉʳ le duc du Mayene et monsᵉʳ de Matignon, mareschal de france, estantz serrez dans lad. ville les ennemys du Roy, laquelle fust baptue de quinze canons et quatre couloubrines et apres avoir ycelle baptu et faict plus de cinq cens pas de bresches, lesd. ennemys du Roy se randirent ausd. sieurs, estant serrez dedans ou y commendoit led. Meslon qui sen sortit hors dicelle le dix septiesme de may, aud. an 1586, par la porte du Drot par laquelle il avoyt sur-prins lad. ville en 1580. Et appres laquelle rediction les consuls catolicques de lannee mil cinq cens quatre vingtz furent continues en leur charge. Micheau Gaumar cappⁿᵉ de la pⁿᵗᵉ ville, premier; Loys Du-trieu, second; Gailhard de Lesglize, tiers; Pierre

Brandin dict la Loy, quart. Et parce que Anthoyne Duret estoit decede, il fust mis en son lieu Loys Dutrieu, et, au lieu dud. Dutrieu, fust mys led. Gailhard de Leglize et pour quart consul fust esleu Pierre Brandin, dict la Loy.

1587. Jehan Andrault, cappne; Fransoys Gaumar; Anthoyne Juilhes; Nicollas Bacot.

1588. Jacques Andrault; Me Micheau Dupie; Me Jehan Ducasse; Arnault Gallissaire.

1589. Loys de Labatut; Fransois Favareau; Me Andre de Locres; Jehan Texier.

1590. Jehan Guilhem; Me Jehan Rocquette; Me Anthoyne Favareau; Jehan Pastureau.

1591. Pour premier consul mr Me Richard Duboys, sr de Bordepaille et procureur du Roy que la Cour du Parlement par son arrest a ordonné quil prestera le serment pour ceste annee seulement; pour second, Anthoyne Jailles; pour 3e, Nicollas Bacot; pour quart Bertrand de la Roche.

1592. Michel Dupie; Jehan Ducasse; Anthoine Labatut; Louys Gaubert.

1593. Syres Fransois Gaumar; Jehan Jacques Jayles; Jehan Audubert; Fransois Tastet.

1594. Sires Jacques Andrault; Fransois Favareau; Pierre Duran; Berthomieu Texier.

1595. Jehan Guilhem de Biduc; Me Andre de Locres; Jehan Texier; Cirisse Massiot.

1596. Maistre Michel Dupie; Maistre Jehan Ducasse; Anthoyne Favareau; Fransois Gallisseres.

1597. Anthoine Jayles; Nicollas Bacot; Gailhard Lesglize; Fransois Villevieilhe.

1598. Francois Gaumard; Pierre Durand; Pierre Rocquette; Anthoine Bareilhes.

1599. Jehan Jacques Jayles; Jehan Audubert; Berthome Tessier; Guillaume Mingault.

1600. Maistre Jacques Andrault; Maistre Andre de Locres; Louys Gaubert; Maistre Richart Laubertie.

1601. Michel Dupie; Anthoyne Favareau; Me Bertrand de Labatut, juge de St Ferme; Anthoyne de St Aubin.

1602. Maistre Jehan Ducasse; Jehan Texier, le vieulx; Frans Tastet; Pierre Gaumar, fils de feu Richard.

1603. Anthoine Jayles; Jehan Audubert; Cirisse Massiot Maistre Jehan Mante.

1604. Andre de Locres; Pierre Durand; Guillaume Mingault; Pierre Barberes.

1605. Lan de grace mil six cens cinq ont este crees pour consuls de la ville de Montsegur et ont preste le serment par devant monsieur Andrault juge scavoir; Me Michel Dupie; Nicollas Bacot; Maistre Richard Laubertie; Francois de Locres.

1606. Anthoine Favareau; Gailhard de Lesglize; Francois Villevieilhe; Jehan Galisseres.

1607. Jacques Andrault; syre Jehan Texier; Anthoine Bareilhes; syre Gailhard Rocquette.

1608. Anthoine Jailles; Louys Gaubert; Me Jehan Mante; et Jehan Texir, dict petit Jehan.

1609. Me Bertrand de Labatut; sire Berthoumé Texir; sire Anthoine de Sainct Aubin; Me Arnault Beilly.

1610. Me Andre de Locres; Pierre Rocquette, me appre; Pierre Gaumar, fils de feu Richard; Me Jehan Daban.

1611. Maistre Jehan Ducasse; Guilhaume Minguault, appoticaire; François de Locres; Jehan Dupeyron.

1612. Me Francois Dupie, advocat en la Cour; Me Richard Laubertie, notaire royal; sire Gailhard Rocquette, marchand; sire Pierre de Labat, marchand.

1613. Anthoyne Favareau, le vieulx; Jehan Texier, le vieulx; Francois Villevieilhe; Jehan Guilhem.

1614. Me Bertrand de Labatut, advocat en la cour du parlement de Bourdeaulx, juge de Sainct Ferme; Jehan Texier, le vieulx; Sirice Massiot; Me Rolland Duzan.

1615. Anthoine Jailles; Pierre Rocquette; me appothicaire; Me Arnauld de Beilly; Pierre Constantin.

1616. Pierre Durand; Pierre Gaumar; Jehan Daban; Nicollas de Labatut.

1617. Pierre Durand a este continue pour premier consul pour esviter le proces qui pouvoit estre entre la ville et Jehan Jacques Jayles qui avoit este nomme en sa place; Me Jehan Mante, notre royal; sire Jehan Texier, dict Larocque; sire Pierre Bovilhaut.

1618. Sire Jehan Texier le vieux; Francois Villevieilhe; M⁰
Rolland Duzan; Me Guilhaume de Locres.

1619. Guilhaume Mingault, appʳᵉ; Me Richard Laubertie;
Pierre de Labatut; Me Jehan Chesnard.

1620. Maistre Bertrand de Labatut, advocat en la cour du
parlement de Bourdeaulx et juge de la jurisdiction de
Sainct Ferme; Jehan Gauma, sieur de la Gajante, qui
na vouleu prester le serment; Maistre Arnault Beilly,
notʳᵉ royal; Jehan Dupeyron.

1621. Sire Anthoine Favereau; Me Jehan Dabant; Nicollas de
Labatut; Guilhem Gaubert.

1622. Pierre Durand; Jehan Tessier, dict Larroque;
Guilhaume de Locres; Arnault Massiot.

1623. Sire Jehan Tessier, le vieux; sire Pierre de Labatut; M⁰
Jehan Chesnard; Pierre Mingault.

1624. Sire Berthoimie Tessier; Me Arnault Beylly; sire Pierre
Bonilhault; sire Jehan de Saint Aubin.

1625. Me Richard Laubertye; sire Fransois Villevieilhe; Pierre
Constantin; Jehan Texier, dict le Bithon.

1626. Me Bertrand Labatut, advocat en la cour du Parlemᵗ;
Me Rolland Duzan; Arnault Massiot; M⁰ Guillaume
Rabat.

1627. Guillaume Mingault, cappⁿᵉ; Nicollas de Labatut; Jehan
Guilhem, dict Viducq; Anthoine Laroche.

1628. Pierre Durand; Jehan Durand; Jehan Dupeyron; M⁰
Simon Goyneau.

1629. Pierre de Labatut; Jehan Chesnard; Pierre Constantin;
Michel Gallisseres.

1630. Sire Jehan Texier; Me Rolland Duzan lequel décéda de
la contagion assistant les mallades de la peste; M⁰
Pierre Mingault; Me Guilhaume Trimpellet.

1631. Me Nicolas Deschamps, advocat en la Cour de Parlemᵗ
de Bordeaux, procureur du roy de la presente ville;
syre Arnault Massiot; Jean de Sᵗ Aubin, m⁰ apothi-
caire; syre Pierre Tessier, lequel mourut presque au
commencement de l'année.

1632. Me Bertrand de Labatut, advocat en la cour et juge de
Saint Ferme; Jehan Dupeyron, dict de Vande; Pierre
Bonilhault; Jehan Ragot.

1633. Sire Pierre Durand, dict Montignac; sire Pierre Constantin ; sire Anthoine Laroche ; Me Jehan Beyon, notaire royal.

1634. Me Jayles, s^r de la Coudrée ; Me Pierre Mingault, not^e royal ; Michel Gallissere ; Pierre Gauma.

1635. Me Nicolas Deschamps, ad^{at} en la cour de parlement de Bordeaux et procureur du roy de la présente ville ; Jehan de Sainct Aubin, m^e appothicaire ; Me Guilhaume Rabat, not. royal ; Bernard Tessier.

1636. Sire Arnault Massiot ; Pierre Bonilhaut ; Me Guilhaume Trimpollet, not^{re} royal ; Me Anthoyne Salvy.

1637. Me Bertrand de Labatut, advocat en la cour ; Jehan Guilhem, dict Viduq ; Me Jehan Ragot, not. royal ; Pierre Villevieilhe, marchand.

1638. Pierre Durand ; Michel Gallissieres ; Anthoine Laroche ; Pierre Tessier, dict Larroque.

1639. Me Pierre Mingault, not^{re} royal ; sire Jehan de Sainct Aubin ; sire Bernard Tessier, marchand ; Me Jehan Dabant, notaire royal.

1640. Michel Jayles, sieur de la Coudree ; Me Pierre Couillau ; Me Anthoine Salvy ; Andre Texier.

1641. Pierre Constantin ; Me Jehan Ragot, notaire royal ; Pierre Villevieilhe ; Pierre Massiot.

1642. Me Bertrand de Labatut, advocat en la cour ; Me Guillaume de Rabat, juge de Lamothe ; Me Jehan Beylly, not. royal ; Me Arnault Durand, not. royal.

1643. Jehan Dupeyron ; Anthoine Laroche ; Me Jacques Laubertye, juge de Roquebrune ; Anthoine Massiot.

1644. Me Nicolas Deschamps, advocat en la cour et procureur du Roy en la presente ville et jurisdiction ; Anthoine Salvy ; Pierre Tessier, dict de La Rocque ; Rolland Constantin, homme d'armes.

1645. Me Pierre Mingault ; Pierre Bonilhaut ; Maistre Andre Tessier ; Maistre Yzac Rocquette.

1646. Richard Jailhes, sieur de la Coudree ; Me Pierre de Boulin, advocat en la cour du parlement quy na vouleu prester le serment ; Pierre Villevieilhe ; Jehan Gauma.

1647. Bertrand de Labatut, advocat en la cour du parlement et juge de Sainct Ferme ; Bernard Tessier de Laroque : Me Arnauld Durand, not^e royal : Mericq Villevieilhe.

1648. Arnault Massiot; Maistre Jean Ragot qui na voulleu prester serment; Pierre Tessier de Laroque; Michel Dentraigue.

1649. Michel Gallissieres; Anthoine Laroche; M⁰ Yzacq Rocquette; Guillaume Constantin, mᵉ appothicaire.

1650. Mᵉ Pierre Mingault; Anthoine Laroche a este continue; Pierre Massiot; Mathelin Jude, mᵉ appʳᵉ.

1651. Jehan Ragot, notᵉ royal; Pierre Villevieilhe; Jehan Duthoya, mᵉ appʳᵉ.

1652. Pierre Boulin, advocat en la cour; Mᵉ Arnault Durand, notᵉ royal; Mᵉ Michel Dentraigues; Bernard Dupin.

1653. Mᵉ Jean Ragot, noʳᵉ royal; Pierre Tessier; Bernard Dupin; Jean Gadras, mᵉ appotiquaire. Tous lesquels sieurs consuls moururent de peste la dicte année 1653, en laquelle année Mᵉ Jean Ragot, noʳᵉ royal, bailha le serment de greffier et secrettaire desd. consulz et juratz.

1654. Mᵉ Guillaume de Rabat, juge de Lamothe; Guillaume Constantin, mᵉ appotiquaire; Jean Jacques Dupeyron.

1655. Richard Jayles, sieur de la Coudree; Mᵉ Izacq Rocquette; Francois Constantin, advocat; Mᵉ Pierre Grahault, nʳᵉ royal.

1656. Ont este faitz consuls par ordre de monseigʳ le prince de Conty : Alexandre Leclerc, escuyer; Mᵉ Michel Dentraigues; Mᵉ Nicollas Bareilhes, noʳᵉ royal; Mᵉ Jehan Dupin, qui na preste serment, et a lepve les impots et randeu compte pour une moitye et les dicts sʳˢ Leclercq et Bareilhes pour lautre moitye.

1657. Arnaut Massiot; Guillaume Constantin; Jacques Dupeyron; Bibdolles Durand.

1658. Mᵉ Guilhaume de Rabat, juge de Lamothe; Guillaume Constantin continue; Jean Jacques Dupeyron continue; Arnaut Massiot, le jeune.

1659. Continue les sus-dictz pour l'annee 1659.

1660. Mᵉ Izaacq Rocquette; Jean Dupin, noʳᵉ royal; Mᵉ Francois Bardeche, noʳᵉ royal; Mᵉ Francois Robert, ont este faitz consuls par arrest de la Cour.

1661. Mʳ Jean de Caste, escuyer; Mᵉ Pierre Grahault; Mᵉ Jean Carmaignac; Pierre Pages, mᵉ chirurgien.

1662. Michel Dentraigues; Pierre Massiot; Jean Pages; Mᵉ Jean Dupin june qui na volleu bailler le serment.

1663. Guillaume Constantin ; Jean Jacques Dupeyron ; Mathelin Durand ; Jacques Dupin.

1664. Allexandre Leclerc, escuyer ; Anthoine Laroche qui na voulu prester serment ; Me Francois Robert ; Jean Robert.

1665. Arnaut Massiot, le vieux ; Me Carmaignac ; Me Pages.

1666. Anthoine Laroche ; Jean Pages ; Arnault Massiot ; Francois Castaignet. Par arrest de la cour de parlement du septiesme de may au dict an lesd. Laroche, Pages et Castaignet ont este destitues de leurs charges consulaires. Les entiens regiront jusques a nouvelle eslection.

1667. Izaac Rocquette ; Pierre Massiot ; Jean Dupin, june ; Jean Glady, marchand.

1668. Guillaume Constantin ; Jacques Dupeyron na pas voullu prester le serment ; Francois Beilly ; Pierre Perseguey.

1669. Alexandre Leclerc ; Jean Jacques Dupeyron na vollu prester serment ; Jean Robert ; Me Pierre Bourgoing, huissier.

1670. Sieur Pierre Constantin ; Francois Bardeche ; Me Jacques Dupin, qui na voullu prester serment ; Arnault Duthoya, me appre qui na aussy preste le serment.

1671. Me Francois de Boulin, advocat en la cour ; Jean Jacques Dupeyron ; Me Richard Roquette ; Me Pierre Bourgoing.

1672. Me Jacques Leon de Laubertie, advocat en la cour de parlement de Bourdeaux ; Me Carmainag qui na presté le serment ; Joseph Salvy ; Bastien Poitevin.

1673. Sieur Anthoine Laroche ; sieur Fransois Robert ; sieur Arnault Duthoya ; sieur Jean Dentraigues qui na voullu prester le serment.

1674. Jean Jacques Jayles, sieur de la Turte ; Pierre Labatut ; Arnault Durand, collecteur des deniers imposes.

1675. Pierre Massiot ; Jean Dupin ; Pierre Perseguey ; Francois Castaignet. — Jean Dupin collecteur des deniers imposes.

1676. Sieur Francois de Boulin, advocat en la cour ; Jean Robert ; Francois Castaignet ; Jean Laroche.

1677. Sieur Jacques Leon de Laubertie, advocat en la cour ; Jean Jacques Dupeyron nomme pour segond et qui na pas preste le serment ; Jean Durand ; Pierre Clary.

1678. Sieur Jean Jacques Jayles de Laturte ; Jean Ragot ; Arnaud Durand ; Anthonie Duthoya.

1679. Pierre de Labatut ; Joseph Salvy ; Jean Tessier ; Jean Dupeyron.

1680. Anthoine Laroche qui na presté serment a cause de certaine maladie de laquelle il est mort ; Jean Ragot ; Jean Dentraigues ; Anthoine Massiot.

1681. Izaaq Rocquette ; Francois Castaignet ; Jean Laroche.

1682. Monnereau, docteur en médecine ; Richard Rocquette ; Pierre Clary ; Jacques Tessier de Laroque.

1683. Antoine Deschamps ; Pierre Perseguey ; Bastien Poitevin ; Jean Dupeyron.

1684. De Labatut : Jean Durand, s^r de Montignac ; Jean Dupeyron. Il n'y a pas eu de quatrieme consul.

1685. Messieurs de Laubertie, ad^{at} en la cour de parlement de Guienne ; Arnault Duthoya, m^e app^{re} ; Anthoine Duthoya, aussy m^e appotiquaire. Il n'y a pas eu de quart consul.

1686. Messieurs de Boulin, advocat en la cour de parlement, a este nomme et esleu et na pas presté le serment a cause de l'opposition faicte par le s^r procureur d'office ; Jean Laroche ; Jacques Tessier, s^r de Larocque. Il n'y a pas eu de quart consul.

1687. MM^{rs} Carmaignac ; Pierre Pages ; il n'y a pas eu de tiers consul ; Pierre Constantin.

1688. de Monnereau, docteur en médecine ; Jean Tessier, licentier ez loitz. Laquelle annee il n'y a eu ny tiers, ny quart consul.

1689. de Pages, vieux, m^e chirurgien ; Joseph Salvy. En laquelle année il ny a eu ny tiers ny quart.

1690. Deschamps ; Perseguey.

1691. Deschamps ; Perseguey ; Robert, vieux ; Robert, june.

1692. Gaubert, vieux ; Gaubert, june ; Dupeyron ; Robert.

1693. Dupeyron ; Robert ; Rocquette ; Tessier de La Rocque.

1694. Rocquette ; Tessier de Larocque ; Boulin ; Bourgoing.

1695. Boulin ; Bourgoing ; Gaubert, ad^{at} ; Ragot.

8

1696.   MM^{rs} Durand de Montignac ; Ithier, vieux ; Perseguey ;
        Constantin.
1697.   Perseguey ; Constantin ; Robert ; Bardeche.
1698.   Robert ; Bardeche ; Duthoya.
1699.   Duthoya ; Rocquette.
1700.   Rocquette ; Pages ; Constantin ; Bardeche.
1701.   Constantin ; Bardeche ; Boulin ; Massiot.
1702.   Boulin ; Massiot ; Gaubert ; Carmaignac.
1703.   Gaubert, ad^t ; Carmaignac ; Dentraigues ; Cons-
        tantin.
1704.   Nommés par Monseig^r l'Intendant le corps de jurade
        ayant esté supprimé : Bourgoing, maire 1er consul ;
        Ragot ; Pages ; Gauma.
1705.   MM. Constantin ; Bardeche ; Duthoya, 1er consul mo-
        derne ; Robert, second consul moderne.
1706.   Duthoya ; Robert ; Perseguey ; Ithier.
1707.   Perseguey ; Ithier ; Gaubert ; Ragot.
1708.   Gaubert ; Ragot ; Dupeyron, médecin ; Durand de
        Montignac.
1709.   Dupeyron ; Durand de Montignac ; Massiot ; Salvy.
1710.   Massiot ; Salvy ; Dupin, ad^t ; Gauma.
1711.   Dupin, ad^t ; Gauma ; Boulin ; Constantin, j^e.
1712.   Boulin ; Constantin ; Robert ; Ragot.
1713.   Robert ; Ragot ; Ithier, vieux ; Labatut.
1714.   Ithier, vieux ; Labatut ; Perseguey ; Deschamps.
1715.   Perseguey ; Deschamps ; Bardeche ; Duthoya.
1716.   Bardeche mourut dans la charge, et le s^r Pages
        feust nommé à sa place pour gérer la charge de
        maire pendant l'année de son consulat ; Du-
        thoya ; Dupeyron, médecin ; Roullet.
1717.   Dupeyron, médecin ; Roullet ; Robert, vieux ;
        Gauma, jeune.
1718.   Robert, vieux ; Gauma ; Constantin, j^e ; Durand de
        la Feuilhade.
1719.   Constantin, j^e ; Durand de la Feuilhade ; Roc-
        quette ; Ithier, plus j^e.
1720.   Rocquette ; Ithier, plus j^e ; Boulin, ad^t ; Tessier.

1721. MM. Boulin, ad^t; Tessier; Laurens Ragot; Dupeyron, plus jeune.

1722. Laurens Ragot; Dupeyron, plus j^e; Labatut; Tessier de La Rocque.

1723. Labatut; Larocque; Gauma, j^a; Bourgoing, j^e.

1724. Gauma, aisné; Bourgoing, j^e; Ithier, aisné; Clary.

1725. Ithier, aisné; Clary; Monereau; Martineau.

1726. Monereau; Martineau; Salvy, vieux; Bourgoing, plus jeune.

1727. Salvy, vieux; Bourgoing, plus june; Dupeyron, advocat; Robert, fils.

1728. Dupeyron, advocat; Robert, fils; Boulin, avocat; Labatut, fils.

1729. Boulin, avocat; Labatut, fils; Menou de Canboulon, escuyer; et Petiteau.

1730. Menou de Canboulon, escuyer; Petiteau; Dupeyron, june; et Phelipon, no^re royal.

1731. Dupeyron, june; Phelipon, no^re royal; Dubois de Sainte Gemme, escuyer; et Salvy, fils.

1732. Dubois de Ste Gemme, escuyer; Salvy, fils; Duthoya; et Tessier de Larocque, june.

1733. Duthoya, sindic; Tessier de Larocque, june; Gauma, june; et Dentraigues.

Par edit de novembre 1733, le Roy a créé, érigé et rétabli en titres doffice formés, les offices de gouverneur et ceux de lieutenant dans les villes closes du Royaume, &^a; les offices des conseillers, maires, lieuten^t de maire, eschevins, jurats, consuls, capitouls, assesseurs, secrétaires greffiers des hostels de ville et leurs controlleurs, anciens mi-triennaux et alternatifs mi-triennaux, et ceux des avocats et procureurs des dits hostels de ville, &^a.

1734. En conséquence du dit édit, sieur Arnaud Robert a acquis la charge de conseiller et maire ancien mi-triennal de cette ville et communauté, ainsi qu'il apert par ses quittances de finance et de marc d'or et lettres de provision; a esté receu en la ditte charge par Monsieur le Lieutenant particulier en la Cour de Condom, et a esté installé dans l'hostel de cette ville le 19e octobre 1734.

En meme conséquence du dit Edit, Me Anthoine Albert a acquis la charge de conseiller, procureur du Roy de cette communauté, ainsi quil apert de sa quittance de finance et lettres de provision, qui ont esté enregistrées et a esté receu et installé en la ditte charge, le 20ᵉ octobre 1734.

1735. Le 10ᵉ juillet 1735, sʳ Jean Charrier a esté receu et installé par led. sʳ Robert en la charge de premier consul, quil a acquise comme apert par ses lettres de provision et quittance de finance; le tout a este enregistré.

1736. Le 25 mars 1736, sʳ Pierre Moreau de Boissatron a esté receu et installé en la charge de Gouverneur pour le Roy, comme ayant acquis la ditte charge, suivant ses lettres patentes, quittance de finances, quittance du trésor Royal et édit de declaration du dit office.

1737. Le 16ᵉ fevrier 1737, sieurs Louis Deynaut et Bernard Desplats ont esté installés, sçavoir led. sʳ Deynaut maire alternatif, et le dit sʳ Desplats second consul alternatif, tous deux par commission, suivant leur commission qui leur a coutté a chacun une pistolle, le tout a esté enregistré.

Le 16ᵉ mars 1737, Mᵉ Charles Dupeyron, avocat, et sieur Pierre Boyre ont esté installés consuls alternatifs, comme appert de leur commission qui leur a coutté à chacun dix livres.

Du 29 décembre 1737, par arrêt du Conseil d'Etat du Roy concernant la vente des offices municipaux du 4ᵉ dud. mois courant, par lequel Sa Majesté révocque toutes les commissions du Grand Sceau des dits offices, et permet aux corps et communautés des villes de son Royaume de procéder, suivant les anciens règlements à l'élection des officiers municipaux dont les charges n'ont pas été levées. Le dit arrêt a esté enregistré.

1738. Du 30ᵉ janvier 1738, ont esté nommés et élus consuls par la communauté au lieu et plasse desd. sʳˢ Dupeyron, Boyre et Desplats, sçavoir : sieurs Laurent Ragot, fils de Mᵉ Bernard Ragot, noʳᵉ royal, pour second consul du premier rang; sieur André Martineau pour premier consul moderne; sieur Jean Villevieilhe pour second consul moderne.

Du 15ᵉ septembre 1738, ont esté consuls : sʳ André Martineau pour second du premier rang: sʳ Jean Villevieilhe premier consul du second rang : sʳ François Dupin second consul du second rang.

Olivier, m⁰ en chirurgie; Jean Jousseaume, laboureur; et Mathieu Morrain, m⁰ serrurier, notables de cette ville.

Noble Dubois, fils ainé, ecuyer, aussy notable, n'ayant pu se joindre aux autres à cause de son indisposition, ni Jean Petiteau, procureur sindic, receveur de la dite communauté, les tous convoqués aux formes prescrites par l'Edit de décembre dernier.

1769. (2 septembre.) M. Auger, comte de Guilleragues et seigneur de la ville, a choisi M. Boniol, docteur en médecine, pour être échevin au lieu et place de M⁰ Pierre Martineau, avocat, premier échevin.

1770. (Septembre.) Jean Phelipon, m⁰ en chirurgie, est choisi par M. Auger, en remplacement de M. Feuille.

1771. (28 septembre.) Le seigneur du lieu ayant par méprise, pris le maire dans le nombre de ceux qui étaient présentés pour échevin, M. de Menou, écuyer, seigneur des Philiberts et autres lieux, maire de la ville, déclare que le temps de l'exercice de sa charge, ayant dû prendre fin le 14ᵉ du courant, conformément à l'édit de 1767, et n'ayant pu jusqu'à ce jour se défaire de sa dite charge, il cesse dès ce moment toutes fonctions de maire.

Feuilhe, maire; Labatut, fils, échevin, *loco* Boniol; Phelipon, échevin. — M. Labatut refuse d'accepter l'échevinage, et se démet de sa charge de conseiller de ville.

(19 décembre.) Dupeyron, oncle, choisi pour être échevin à la place de Boniol.

1773. (12 décembre.) M⁰ Jacques Dupin, procureur sindic; Simon Boulin, maire; Bernard Boulin et Jean Jacques Desplats, jurats.

1774. Berthonneau, maire; Boulin, Boulin fils et Desplats, jurats; Dupin, procureur sindic.

1775. Les mêmes.

1777. Albert, maire; Boulin, Boulin fils, Tessier et Desplats, jurats.

1780. Desplats, maire; Bourgoing, Tessier, Boulin fils, jurats.

1781. (14 août.) Jacques Dupin, maire; Tessier, Robert fils, Clary fils, jurats.

1782. (8 novembre.) Dupeyron, jeune, nommé jurat en remplacement de Tessier, et Moreau à la place de Robert
fils.

1784. (Avril.) Labatut, en remplacement de Clary, fils, jurat.

1786. (17 janvier.) Le roi nomme le s^r Guillaume Tessier en
remplacement de Labatut-Lalanne, 3e jurat.
(Janv^r.) Labatut des Tuilleries, maire; Boniol, premier
jurat; Eloy Robert, s^d jurat; Tessier fis, jurat.

1788. M. Labatut donne sa démission (le 30 décembre), dans
les termes suivants :
« Jean Labatut des Tuilleries a l'honneur de représen-
» ter au corps de ville que, par Brevet de Sa Majesté du
» 8 janvier 1786, il fut nommé maire de cette ville ; que
» ses fonctions ont pris fin par l'acquisition que vient de
» faire la communauté de la charge et office de maire,
» suivant l'arrêt du conseil qu'elle vient d'obtenir, en
» date du deux de ce mois. En conséquence du dit arrêt,
» la dite communauté voudra bien nommer à mon lieu
» et place telle personne qu'elle jugera à propos, comme
» aussi recevoir ma démission de ma place d'agrégé au
» corps de ville, luy déclarant ne vouloir plus entrer
» pour acister à aucune des assemblées, voulant faire ma
» résidence habituelle à ma campagne.
» Fait à Monségur dans la salle du Conseil de l'hotel
» de ville, le trente décembre 1788.

Signé : LABATUT DES TUILLERIES, ancien maire. »

1789. (28 Juin.) Le s^r Desplats, procureur sindic est nommé
maire, en remplacement de Labatut des Tuilleries.

1790. (7 février.) Le s^r André Jacques Pierre Berthonneau, élu
maire ; Bernard Boulin, premier jurat; Lagarde, se-
cond jurat; Albert, jeune, procureur sindic ; Petiteau,
trésorier de la communauté.

1791. (6 novembre.) Michel Eyméric Albert, jeune, homme
de loi, élu maire, *loco* Berthonneau nommé adminis-
trateur du district de La Réole ; Saintaubin, Pépin,
négociants, Vincent Rambaud, Martial Brun, Martin
Duclairval, officiers municipaux.

1792. (4 décembre.) Georges Boulin, élu maire, Jean Pépin,
Jean Amé, Pierre Guerre, Jean Saintaubin, Jean
Guillemeteau.

An 8. (16 floréal.) M. Villevieilhe, maire ; Brun aîné, adjoint.

An 13.   (3 prairial.) M. Roullet, adjoint, en remplacement de Brun, démissionnaire.

1806.   M. Villevieilhe, maire; M. Arnaud Dupeyron, adjoint.

1815.   M. Arnaud Dupeyron, maire; M. Antoine Pierre Lagrange-Chapelle, adjoint.

1820.   M. Arnaud Dupeyron, maire; M. Antoine Pierre Lagrange-Lachapelle, installés par Jean Barthélemy Bourgoing, Receveur de l'Enregistrement, délégué à cet effet par arrêté du Préfet, en date du 12 mars 1820.

1825.   (18 juillet.) MM. Bourgoing, maire; Duguit, adjoint.

1830.   (24 septembre.) MM. Roullet, maire; Perpezat, Jean, jeune, adjoint.

1835.   (14 novembre.) MM. Villevieilhe, maire; Perpezat, Jean, jeune, adjoint.

1842.   (12 avril.) M. Perpezat, Jean, jeune, maire.

1843.   (4 novembre.) M. Pasquerie, Jacques, adjoint.

1848.   (18 août.) MM. Issartier, Henri, maire; Mathieu, fils, adjoint.

1852.   (29 avril.) MM. Issartier, Henri, maire; Pasquerie, Jacques, adjoint.

1870.   (24 avril.) MM. Pasquerie, Jacques, maire; Petiteau, Auguste, adjoint.

(9 septembre.) MM. Issartier, Henri, maire; Merveilleau, Pierre, aîné, adjoint.

1874.   (31 janvier.) M. Pasquerie, Jacques, maire.

1875.   (7 février.) M. Raffin, Charles, adjoint.

1876.   (29 avril.) M. Petiteau, Auguste, maire.

(10 mai.) MM. Issartier, Henri, maire; Merveilleau, Pierre, aîné, adjoint.

9

LISTE DES HABITANTS

QUI ONT OBTENU DES LETTRES DE BOURGEOISIE A MONSÉGUR.

1563. (27 octobre.) Michaud Dupin.

1566. (15 avril.) Peyrot Jousseaume.

(28 may.) Jehan Chazault. — Andrieu de Lafargue, dict Moreau.

(3o juin.) Bertrand Dupeyron.

1567. (19 juillet.) Leonard Ducasse, m^d dhabitz. — Pierre de Vinlincle.

1572. (2e novembre.) Barot, marchand.

1573. (21 février.) Me Nicollas Petiteau, substitut du procureur du roy.

1574. (26 février.) Bignon.

(7 novembre.) Jehan Longueterre.

1575. (25 avril.) Bertrand Jailles.

(16 novembre.) Guilhem de La Coste.

1576. (23 avril.) Simon Laulan, marchand.

1577. (21 aout.) Me Laurent Chambaudet, secrétaire de la maison commune. — Bertrand Burolleau.

1578. (2 septembre.) Francois Cousteau.

(5 septembre.) Martin André, sellier.

1579. (4 avril.) Jacques Martineau.

1580. (18 may.) Laurent Florence.

(17 octobre.) Savansot Burolleau.

(20 décembre.) Gailhard Augier.

(21 décembre.) Me Barthélemy de Berot, notaire.

1582. (2 janvier.) Jehan Dutruch.

(12 septembre.) Pierre Grahault, m^e arpenteur.

1602. (3 may.) Guillaume Frouin, dict Poucet, cordonnier.

1607. (25 mars.) Francois de la Gardelle, m^e mareschal. — Richard Mestrot.

1608. (4 décembre.) Anthoine Collas.

1609. (19 janvier. Jehan Lucdoure, m^e corroyeur.
(Février.) Jean Barbin.

1610. (27 février.) Pierre Constantin.

1611. (30 décembre.) Edouard de la Buju.

1613. (17 février.) Me Bertrand Salvy, notaire.
(20 février.) Me Rolland, juge.
(26 février.) Ant. Gadrair, marchand.
(17 aout.) Jehan Chambaudet.
(19 octobre.) Arnauld Déjaubain, m^e escrivain.
(9 novembre.) Gailhard Pertut, maistre boulangier.
(6 décembre.) Michel Boussard, m^e charpentier, habitant du lieu de Roquebrune.

1621. (11 janvier.) Jehan Chevassier.

1622. (26 décembre.) Simon Goyneau, procureur postulant au siége de la ville.

1626. (5 juillet.) Jehan Genin.

1627. (7 décembre.) Pierre Lambert.

1631. (1er mars.) François Phelipon, huissier audiencier de la présente ville.

1632. (10 apvril.) Pierre Masson.
(11 apvril.) Berdoulle Durand, dict le Fuyard.

1634. (26 décembre.) Estienne Bogart, m^e sargeur.
(29 décembre.) Jehan Dupin, marchand drapier. — Jehan Vareilhes, m^e arpenteur.

1639. (10 mars.) Mr Modet.

1640. (21 aout.) Jehan Barade, maître sellier.
(3 décembre.) Jehan Chaufepied.
(15 décembre.) Lalanne, m^e masson ayant reparé le clocher.

1641. (20 février.) Berthomieu Tessier, m^e esguilhetier.

1643. (15 may.) Genibault, cordier.

1644. (14 novembre.) Jehan Lestrilhe.

1645. (15 janvier.) Jehan Duthoya, m^e appotiquaire de la ville.

1646. (26 apvril.) Guillaume Barade. — Simon Pepin.

1650. (20 juing.) Jehan Drilholle.

1651. (21 may.) Jehan Rouzié, m° mareschal. — Bertrand Lasserre, m° sargeur.

1654. (25 febvrier.) Anthoine Dutruch.

1655. (28 janvier.) Jacques Duclayrac.

1657. Jean Vidal, m° chapelier.

1660. (29 mars.) Abel Herbet, marchand.

(11 septembre.) Jean Glady, marchand.

(28 novembre.) François Castaignet. — Collas Ithie· marchand.

1661. (22 septembre.) Guilhem Brunye. — Barthelemy Duthoya, marchand.

(24 décembre.) Jean Pardiacq.

1662. (29 may.) Anthoinette Bourgoing, vefve de feu Guirault Chaufour.

(29 aout.) Jean St Marcq.

1663. (12 may.) Pierre Bentejac, régent.

(13 septembre.) Raymond Boissonneau.

(20 septembre.) Jean Ilier, praticien et greffier en l'ord· naire.

(10 décembre.) Legier Sauvestre.

(12 décembre.) Jean Lachise, dict Petiton, sargeur.

1665. (18 janvier.) Jean Boissonneau.

1666. (28 mars.) Estienne Cosme.

(19 avril.) Jean Maquaret.

(3 may.) Jean Réau.

1667. (12 février.) Estienne Triault.

1669. (22 janvier.) Henry Capdeviclle.

1670. (18 octobre.) Jacques Beaupied, marchand.

(7 février.) Leonard Paquier.

1672. (18 février.) M° Jean Ithier.

(26 février.) François Rauby.

1673. Estienne et Pierre Vidal, marchands.

1675. (10 février.) Simon Petiteau, praticien. —Jacques Albert, dict Cabrier, chapelier. — Jean Deymier, tailheur d'habitz, avec la condition qu'il sera autorisé sa vie durant à vendre du vin chez lui à pot et à pinte.

1720. (3 mai.) Jacques Lignieres, sur la demande de M. le comte de Guilheragues.

1721. (15 juin.) Simon Ithier, m^d, petit-fils et fils de bourgeois.
1755. (8 février.) Jean Ramond, dit Jeannot, avec la condition
    qu'il vendra sa vie durant du vin des Bourgeois chez
    lui à pot et à pinte.

A partir de cette date, les registres de la communauté ne signalent aucune admission à la bourgeoisie.
Il est à supposer que les fils des bourgeois se considéraient comme héritiers d'un titre que leurs pères avaient
obtenu, et que, dès lors, ils ne se mettaient point en
peine de le briguer. Le prestige de la bourgeoisie,
comme celui des consuls, allait en déclinant : l'on sentait déjà approcher l'ère nouvelle de la réforme sociale.

Nous terminerons cet opuscule par la pétition, en
date du 6 août 1790, qui fut adressée aux Représentants de la Nation par MM. Berthonneau, maire,
Feuilhe et Roullet, commissaires à cet effet nommés
par la commune et les citoyens actifs du canton de
Monségur. Elle nous a paru intéressante, à cause de son
esprit municipal, et des détails qu'elle fournit sur les
villes de La Réole, Sauveterre et Castelmoron, pour
obtenir, de préférence à l'une de ces trois villes, l'établissement à Monségur, et du Tribunal, et du Collége
national.

Voici cette pétition :

« Messieurs,

» La France admire la sagesse de vos loix, et rend un hom-
» mage bien mérité à cet esprit de prudence et de discernement,

» qui en affermit les bases et en prépare la durée par une dis-
» cussion approfondie des motifs et des résultats.

» Elle applaudit avec transport à celles qui concernent la
» nouvelle organisation du Royaume; conception hardie et
» sublime qui soumet aux mêmes principes les Pays d'Etats et
» les Généralités, et ne détruit le gothique ouvrage du caprice
» et du hazard que pour rétablir un plan plus vaste et plus ré-
» gulier, que pour composer un tout mieux assorti des diverses
» parties de cet empire, et les rapprocher par des rapports plus
» multipliés.

» Il existait dans la division ancienne des disproportions et
» des inégalités impolitiques qui pouvoient exciter des rivalités,
» nourrir des jalousies, favoriser des abus et ralentir les mouve-
» ments de la machine. Elles ont disparu sans retour. Une sage
» réformation a tout égalé et ne semble séparer les intérêts de
» chaque département que pour mieux les unir aux intérêts
» communs par une administration uniforme et citoyenne. La
» raison et la justice en font entendre leur voix; et pleines de
» respect et de soumission pour vos décrets, les provinces ont
» renoncé à leurs priviléges et abandonné leurs usages pour
» concourir ensemble et de la même manière au bien public.

» Les avantages de ce nouveau régime, dont le plan se trouve
» si heureusement combiné avec les localités, ne sont point
» incertains; mais ils deviendroient illusoires pour la plupart ou
» plutôt la régénération serait un mal pour elles, si l'Assemblée
» Nationale ne se défioit de l'ambition des autres et ne distri-
» buoit, sans partialité, les établissements que nécessite le nouvel
» ordre de choses, dans les lieux qui offriront les mêmes
» ressources et plus de convenances.

» C'est, d'après cette persuasion, que la ville de Monségur,
» enclavée dans le District de La Réole, au Département de la
» Gironde, a l'honneur, Messieurs, de vous adresser son hum-
» ble et respectueuse pétition pour obtenir de votre justice la
» fixation du Tribunal dans ses murs, et la fondation d'un
» collége national, afin de procurer des moyens d'instruction à
» une jeunesse nombreuse des lieux circonvoisins qui sont, à
» cet égard, dépourvus de ressources : — il n'y a que celui de
» Bordeaux dans tout le département. Mais la cherté des vivres
» et le prix des pensions en éloignent les étrangers, et ne per-
» mettent qu'aux personnes riches d'y faire leurs premières
» études.

» La situation de Monségur et ses autres convenances lui
» donnent à ces deux établissements un droit exclusif.

» Cette ville est la seconde du district par sa grandeur et sa
» population. Son enceinte exactement murée est de trente ar-
» pents et contient trois cents feux qui fournissent le même
» nombre de citoyens actifs. Elle est assise sur la rive gauche du
» Dropt, rivière que le Gouvernement a eu sous le dernier
» règne (*), le projet de rendre navigable et susceptible de le
» devenir à peu de frais. L'exécution de ce projet n'a été arrêtée
» que par le crédit des Seigneurs, dont cette rivière traverse les
» possessions, les terres et fiefs. Ils s'opposèrent à son élargisse-
» ment ordonné par arrêt du Conseil, et refusèrent de céder la
» propriété des rives pour l'entretien et les besoins de la navi-
» gation. C'est ainsi que l'intérêt public fut toujours sacrifié à
» l'intérêt particulier.

» Les ressources locales de Monségur se bornent aux produc-
» tions de son terroir, qui sont variées et plus que suffisantes
» pour sa consommation. Il n'a de moyens, pour se défaire de
» l'excédant, que ses foires et ses marchés assez fréquentés, mais
» insuffisants. En augmentant ses rapports, son commerce et ses
» richesses, les deux établissements qu'il demande donneront
» plus d'activité, plus de latitude à l'industrie de ses habitants, et
» procureront par le débit de leurs denrées à plusieurs cantons
» voisins des débouchés nécessaires. Il deviendrait l'entrepôt de
» Duras, Lévignac, St Ferme, Pellegrue et de tous les lieux
» adjacents, avec lesquels sa facilité et son accès lui donnent
» des relations.

» Sa position n'est pas rigoureusement au centre du district,
» mais elle est relativement à portée de tous les cantons, à la
» distance de trois lieues seulement des extrémités les plus éloi-
» gnées. On y aborde aisément dans toutes les saisons, et les
» voyageurs y trouvent des ressources et des commodités.

» Cette ville renferme dans son sein des gens de loy éclairés,
» des avocats qui ont longtemps honoré le barreau : enfin il n'y
» a point dans le district qui réunisse autant de convenances et
» qui présente autant de motifs déterminants. Il n'y en a point
» qui puisse raisonnablement entrer en concurrence avec elle.

(*). Le 6 novembre 166), l'ingénieur Reynié, envoyé par le chevalier de Clairville, suivant
l'ordre du roi Louis XIV, parcourait le bassin du Dropt, et s'occupait déjà des moyens de
rendre cette rivière navigable.

Le 1er mai 1715, les plans et devis relatifs à cette navigation, furent soumis à l'approbation
d'une assemblée générale. La jurisdiction de Duras souscrivit une somme de 300 livres pour
aider à l'exécution des travaux; celle de Monségur déclara ne pouvoir s'imposer aucun
sacrifice.

» La Réole est située sur le bord de la Garonne qui en baigne
» les murs, et y facilite un commerce étendu et lucratif. Ses
» marchés sont peut-être les plus beaux du Royaume surtout
» pour les grains. Elle est traversée par une grande route qui
» augmente ses moyens de communications et de richesses. Elle
» a déjà un établissement; elle est le chef-lieu du district. Lui
» accorder encore le Tribunal, ne serait-ce pas lui donner trop
» d'avantages, et accroître impolitiquement son importance? Ce
» serait au moins s'écarter du système d'égalité, et nuire aux in-
» térêts des justiciables par les dépenses auxquelles on les expo-
» seroit pour aller loin de leurs foyers, chercher la justice dans
» une ville où les comestibles sont toujours à plus haut prix que
» dans les autres lieux, et en raison de la facilité de l'exportation.

» D'ailleurs, La Réole n'est habitée que par des commerçants
» ou de riches propriétaires qui n'exercent que des professions
» étrangères aux fonctions du Tribunal. On n'y trouve pas un
» homme de loy; et peut-être serait-il difficile, à cause de l'in-
» salubrité de l'air, de la rareté des logements, et de la cherté
» des vivres, d'y rassembler le nombre suffisant de juges éclairés.
» Cette ville ne peut donc, sans une ambition condamnable,
» disputer, ni envier à Monségur les établissements qu'il réclame.

» Sauveterre affiche pour les mêmes établissements des pré-
« tentions qui ne sont pas mieux fondées. Cette ville, peu im-
» portante, ne peut offrir aucune des convenances qui doivent
» en déterminer la fixation. Elle est située à l'extrémité occi-
» dentale du district et sa banlieue en forme les limites.

» Il n'en est pas ainsi de Monségur; il est exactement situé à
» l'extrémité septentrionale de son canton, borné de ce côté par
» le Dropt, mais qui s'étend jusqu'à deux lieues vers le levant
» et le midi. Il a directement au nord, les cantons de St Ferme
» et de Pellegrue. L'extrémité de ce dernier est à cinq lieues de
» La Réole, à quatre de Sauveterre, et à moins de trois de
» Monségur.

» Sauveterre ne présente aucune ressource locale; elle est mal
» bâtie, sans agréments, sans auberges. On ne peut en appro-
» cher que difficilement dans plusieurs saisons. C'est enfin une
» ville isolée dont la population est peu nombreuse, et les com-
» munications, malgré ses foires et ses marchés, extrêmement
» bornées.

» Castelmoron est encore moins important sous tous les rap-
» ports. Ce seroit même abuser des termes que de lui donner le
» nom de ville. Ce n'est qu'un village dépendant de la paroisse

» de Caumon, composé de vingt-quatre feux et habité par moins
» de citoyens actifs.

» Placé sur la cime d'un rocher et dans un sol pierreux, ce
» village est absolument dépourvu de ressource locale, et de
» convenance ; sans communication, et inaccessible dans plus
» d'une saison. En vain a-t-on tenté d'y établir des marchés :
» l'aspérité du lieu en a toujours repoussé la convenance. Il a
» cependant quatre foires peu hantées ; la place qui est au-milieu
» de la ville de Monségur, est aussi grande que l'enceinte de ce
» village qui n'est pas même susceptible d'accroissement.

» Cependant Castelmoron réunissoit autrefois trois tribunaux,
» et les assemblées du Bailliage y ont été tenues, en 1789. Mais
» il a dû ces avantages et cet honneur au choix et à la volonté
» des ducs de Bouillon ; il les a dus, non à son importance et ses
» ressources locales, mais à sa position presque centrale dans
» cette partie du duché d'Albret. On ne pouvoit placer ailleurs
» le siége du Sénéchal et de la Maîtrise, sans les mettre à l'une
» des extrémités trop éloignées du plus grand nombre des justi-
» ciables.

» Quant aux assemblées du Bailliage, ce fut une nécessité de
» les y tenir ; mais on y éprouva les plus grands embarras et les
» plus grandes difficultés pour y recevoir et y loger les électeurs
» de cette seule sénéchaussée. On fut obligé de prendre des lits
» dans les campagnes, et d'en placer jusques dans les greniers.
» Il fallut y établir subitement des auberges, transformer toutes
» les maisons en hotelleries, y attirer des boulangers et des trai-
» teurs étrangers, qui surent profiter de la circonstance, et aller
» au loin chercher à grands frais les provisions nécessaires. Plu-
» sieurs personnes pour y aborder essuyèrent des accidents fâ-
» cheux, notamment le greffier du sénéchal de Nérac, lorsqu'il
» vint signifier l'arrêt du Conseil qui portait révocation de l'attri-
» bution donnée à celui de Castelmoron pour la tenue de l'as-
» semblée des trois sénéchaussées du duché d'Albret (*).

» La réserve mise en sa faveur au décret de l'Assemblée na-
» tionale du 15 janvier dernier, ne peut donc lui donner de
» droits aux établissements que sollicite pour elle la ville de
» Monségur ; et ses prétentions, s'il en avoit, ne seroient que
» ridicules. Il est impossible d'y former un tribunal composé de

---

(*). Ce duché, le plus étendu qu'il y eut en Guienne, était composé des sénéchaussées de
Nérac, de Castelmoron d'Albret et de Condom. Erigé en duché-pairie par Antoine de Bourbon,
roi de Navarre, en 1556, il fut réuni à la couronne, puis démembré et donné au duc de Bouillon, en échange de la Principauté de Sédan, en 1642.

10.

» cinq juges et de quatre suppléants. On ne trouveroit dans le
» département aucun homme de loy qui voulût abandonner ses
» foyers pour transporter sa famille et fixer sa demeure dans un
» endroit aussi dénué de ressources.

» Monségur réunit exclusivement pour le Tribunal et le
» Collége toutes les circonstances. Il borne à ces deux objets
» toutes ses prétentions et n'ambitionne point les autres éta-
» blissements, qui peuvent mieux convenir à la ville de La Réole
» et à Sauveterre. Une Chambre de Commerce ne peut être
» mieux placée que dans la première ; un Bureau d'Agriculture
» convient à la seconde.

» La situation de Monségur invite à y fixer le siége de la Jus-
» tice, et à y fonder un Collége. Elle est telle que jamais on n'y
» ressent les maladies épidémiques qui affligent quelquefois et
» dépeuplent les contrées voisines. Cette ville domine, du côté du
» nord, une plaine arrosée par le Dropt qui serpente dans une
» vaste prairie et forme une perspective agréable ; ses rues sont
» larges, les maisons commodes et bien aérées. Les eaux y sont
» saines, les aliments bons en toute espèce. La médiocrité des
» prix y attireroit de toutes parts les étudiants, et les lieux voi-
» sins trouveroient pour le débit de leurs denrées un débouché
» qui leur manque.

» La maison des Capucins, dont la vente ne produiroit que
» peu de chose, pourroit à peu de frais servir pour cet établis-
» sement utile. Son emplacement appartenoit autrefois à la ville
» qui le concéda pour bâtir, en 1715. Ce couvent n'a jamais été
» nombreux ; il ne s'y trouve depuis bien des années que quatre
» religieux.

» Par toutes ces considérations, la ville de Monségur, réunie
» à tous les habitans de son canton, espère, Messieurs, et attend
» même de votre justice, que vous daignerez favorablement
» accueillir sa pétition respectueuse, et que vous décréterez en
» sa faveur la fixation des établissements qui en sont l'objet.
« C'est le vœu de plusieurs cantons voisins dont nous avons
» l'honneur de joindre à cette adresse les délibérations motivées.

» Nous sommes, avec un très-profond respect, vos très-hum-
» bles et très-obéissants serviteurs.

« Les Commissaires nommés dans la Commune assemblée, »

Signé : BERTHONNEAU, maire, FEUILHE, ROULLET.

ACHEVÉ D'IMPRIMER

LE XXII DU MOIS DE SEPTEMBRE M D CCC LXXVI

PAR JEAN CHOLLET IMPRIMEUR,

A SAUVETERRE